世界十大科学家丛书

孟宪明　主编

达尔文传

赵辑安　编著

河南文艺出版社
·郑州·

图书在版编目（CIP）数据

达尔文传/赵辑安编著. —郑州:河南文艺出版社,2016.8(2019.8 重印)

（世界十大科学家丛书/孟宪明主编）

ISBN 978-7-5559-0396-3

Ⅰ.①达… Ⅱ.①赵… Ⅲ.①达尔文,C.(1809—1882)–传记 Ⅳ.①K835.616.15

中国版本图书馆 CIP 数据核字(2016)第 160040 号

出版发行	河南文艺出版社
本社地址	郑州市郑东新区祥盛街 27 号 C 座 5 楼
邮政编码	450018
承印单位	河南瑞之光印刷股份有限公司
经销单位	新华书店
纸张规格	890 毫米×1240 毫米 1/32
印　张	7
字　数	118 000
版　次	2016 年 8 月第 1 版
印　次	2019 年 8 月第 3 次印刷
定　价	23.00 元

印厂地址　河南省武陟县产业集聚区东区（詹店镇）泰安路

邮政编码　454950　　电话　0391–2527860

科学的呼唤

卫星遨游太空，飞船探测火星，光电通信，电脑联网，信息高速公路……当今世界，对科学的呼唤和追求比以往任何时代都显得重要和紧迫。

在我们这个有着五千年历史的文明古国，在以文取士、以诗显名的文化传统里，我们不缺少"床前明月光"和"春眠不觉晓"的优美意境，也不缺少"大江东去"的豪迈和"小桥流水"的幽静，我们所缺少的，恰恰是一种对科学生死挚爱和舍命追求的精神。 传统和意识可以改变，但改变需要努力，需要全民意识的觉醒。 因此，党中央才把学科学、用科学定为我们的基本国策，甚至不惜动员学部委员为大众撰写科普读物，并一再要求在学生的教科书中不断增加科学内容的比重。

我们这套丛书，为牛顿、爱因斯坦、居里夫人、伽利略、爱迪生、达尔文、诺贝尔、哥白尼、法拉第、莱特兄弟等世界著名科学家作传，既具体介绍他们彪炳千古的科学贡献，也形象叙述他们发明、发现活动的完成过程。 我们不奢望孩子们现在就学会这些知识，如果他们能通过这套丛书了解并热爱这些科学家，我们也就感到由衷的满足了，因为热爱是最好的老师。

未来是属于孩子们的。

未来的大科学家就在你们中间。

主编　孟宪明

2016 年 6 月

目录

一

从小热爱科学，具有广泛的兴趣和爱好，却学不好学校课程，被老师和家长判定为智力平庸，远在一般水平之下。

二

爱丁堡大学逃避功课的学生，剑桥大学应付考试的能手；寻欢作乐的纨绔子弟，如痴如醉的科学爱好者。

三

一艘不起眼的小军舰，一次不平凡的环球航行，由于一位"自然哲学家"的参与，在科学史上留下了永远的光荣。

四

几年的航海的艰辛，换来迅速的成功。一位地质学权威对另一位权威说："达尔文参加任何地质学团体，都会给它增添光荣。"

五

伦敦郊外一处偏远的乡村，一座宁静的庄园，一位深受敬重的绅士在这里静静地准备着一场伟大的革命，创造出一个个惊人成就。

六

出版商迷惑不解：一本准备赔钱的书，转眼间被抢购一空，一版再版，供不应求；作者更感吃惊：一本担心没人读的专著，竟然成了车站书摊上的畅销书。

七

赫胥黎说："我正在磨利我的爪牙，准备进行战斗。""如果我不是大错的话，很多的辱骂和诽谤已经为你准备好了。"

八

他把一生献给科学，对人类做出了杰出贡献，在总结自己一生时却这样说："使我一再感到遗憾的是，我所做的没有使人类得到更直接的好处。"

一

从小热爱科学，具有广泛的兴趣和爱好，却学不好学校课程，被老师和家长判定为智力平庸，远在一般水平之下。

1. 塞文河畔的红房子

在英格兰西部希罗普郡风景如画的塞文河畔，坐落着一个幽静的小城镇——施鲁兹伯里。这里从前曾经是个军事要塞，有几场战争就发生在小镇的城墙下，后来它渐渐失去了军事价值，旧城堡的遗迹还为这座小镇保留了几分森严的样子。

1800 年，在小镇的一处河边陡岸上，盖起了一座大而简朴的方形红砖房。房前修起一个较大的花园，里面种满了各种花草、观赏树和灌木丛。花园里有一间漂亮的玻璃花房，与红房子的一间起居室相通。

这座房子的主人是本镇的医生罗伯特·韦林·达尔文。他 1787 年来到施鲁兹伯里开始行医，很快就打开了局面，收入也越来越好， 于是决定在这里定居下来， 就盖起了这座房子。

房子下临塞文河， 四周环境优美。 河岸已修成平台， 平台上有一条很长的沿河小路， 当地人称它为"医生径"。 小路两边绿树葱茏， 其中一棵西班牙栗树， 样子长得很奇特， 树枝伸出后又弯了回来， 与伸出去部分平行。

这座房子本来只是一座英国普通民房， 由于一个伟大的科学家， 成为值得永远纪念的地方。 1809 年 2 月 12 日， 在这座房子里， 诞生了伟大的科学家、 生物进化论的创立者查理·罗伯特·达尔文。

达尔文家族绝大多数人从事科学工作。 达尔文的祖父伊拉兹马斯·达尔文是一位非常杰出的医生和科学家， 但他更以诗闻名， 因为他写了许多科学主题的作品， 其中有些是用诗歌形式写成的。 他还是一位早期的进化论者。 在一部名为《动物生理学——有机生命的规律》 的著作中， 他提出了初步的生物进化论的思想。

达尔文的父亲也是著名的医生和科学家， 后来被选为皇家学会会员。 皇家学会是英国也是欧洲最古老的科学学会， 只有在科学上很有成就和名望的人才能成为它的会员。 达尔文医生， 深受人们的喜爱和尊敬， 病人都愿意向他倾诉痛苦。 但也有一些人认为他不重视病人的痛苦而对他感到恼火。 这些人主要是心理病患者。 有的人身体其实很好， 却喜欢被人认为健康不佳， 以此来博得亲友的同情； 有的人为了逃避工作或不愉快的事情而无病呻吟； 有的人患的是抑郁症， 最轻微的不适都会让他们惊慌失措， 认为某种可怕的、致命的疾病即将发作。 达尔文医生能够洞察这些人的心理，总是直言不讳地说这些"病人" 没病， 因此他经常听到他们的抱怨。

达尔文的母亲苏珊娜是著名的陶瓷实业家乔塞亚·韦奇伍德的女儿。 她和达尔文医生从小青梅竹马， 感情很深， 但乔塞亚认为达尔文家不符合他严格的宗教信仰， 反对他们的恋爱关系。 直到 1795 年乔塞亚去世， 他们才正式订婚。 第二年结婚时， 苏珊娜已经 31 岁了， 比丈夫大 1 岁。

从 1798 年到 1804 年的 6 年多时间里， 苏珊娜生了 4 个孩子： 大女儿玛丽安、 二女儿卡罗琳、 三女儿苏珊·伊丽莎白和儿子伊拉兹马斯·阿尔维。 苏珊娜的身体本来较单薄，连续的生育使她的身体更加虚弱， 并出现了原因不明、 久治不愈的出血症状。 达尔文医生决心不让妻子再生育了， 但当时没有令人满意的节育技术。 到 1809 年和 1810 年， 苏珊娜又连续生下了查理·达尔文和小女儿埃米莉·凯瑟琳， 随后就几乎卧床不起了。 达尔文医生尽了最大的努力为妻子治病， 从全国请来最好的医生， 但苏珊娜还是于 1817 年夏天去世了。 那年达尔文才 8 岁半， 刚刚上学。

2. 幼年达尔文

在苏珊娜去世之前，达尔文医生就把照管和教育小达尔文的责任交给了二女儿卡罗琳，因为卡罗琳在小达尔文的三个姐姐中最聪明。

达尔文是个淘气的孩子，对姐姐要求的功课完全不放在心上，喜欢到处采摘野草和花朵，捕捉小飞虫，拿着棍棒乱舞乱冲。他常和妹妹一起爬上小路边那棵古怪的西班牙栗树，嬉笑玩耍。

卡罗琳对这位小弟弟管教很严，总是指责他这也不好那也不对，可小达尔文心里很不服气，该怎么淘气还怎么淘气。每次被叫到二姐姐跟前，他总是先问自己："这次她又要责备我什么呢？"并且先给自己壮胆：不管她说什么，我也不在乎。

小达尔文很爱干一些刺激性的事情。他家花园的围墙很高，天黑就要上锁。他顺着一棵树爬上墙头，把一根长木杆插入一个大花盆底部的窟窿眼里，拉来拉去，树上的果实被摇掉，落在花盆里，成了他的战利品。

有一次，他慌慌张张地跑出去散布消息说，他在灌木丛中发现了一堆被偷窃的果实。其实是他自己偷摘了花园里的果实，藏在那里的。

　　为了显示自己，他还从自家花园里偷苹果给邻居家的孩子们吃。送苹果时，他总是爱显示自己能跑得飞快。大孩子为了吃到苹果，就一个劲儿地夸他比谁都跑得快。小达尔文听了扬扬得意，更卖力去为他们偷摘苹果。

　　1817年春天，小达尔文和妹妹一起被送进本镇一所很小的私人学校读书。这所学校的主持人是本镇的凯斯牧师，教材就是《圣经》。达尔文对学校的功课根本不感兴趣，把主要心思都花在他的业余爱好上了，他在这所学校学到的东西比从姐姐那里学到的多不了多少。

　　在很小的时候，小达尔文就喜欢盲无目的地捉小虫、采集植物、捡贝壳和收藏物品。到这所学校后，他的这种爱好大大发展了。他收集各种各样的东西，并且小心保管好。不管是植物、贝类或印记、钱币、化石、矿物，他都收藏。他还试着为植物起名字。他家的小卧室里满是这些杂七杂八的东西，每一件收藏品上都有他贴上的标签。

　　围绕着这些搜集的物品，他编造了许多情节离奇的谎话。例如，他宣称他的化石中有几块是价值连城的珍宝，有一块硬币是古罗马造的，等等。

　　有一次，小达尔文拿着一朵花到学校，对同学莱顿说："我妈妈教我观察花的内部，就可以知道花的名称。"小莱顿也是个植物爱好者，听后非常好奇，连连向他请教，可他就是不告诉莱顿，因为他自己也不知道。还有一次他骗莱顿说，他能用一些带色的液体浇在鲜花上，改变花的颜色。其实他根本没做过这样的实验。

小达尔文虽然淘气，却是一个非常仁慈善良的孩子。

他喜欢搜集鸟蛋。看到整整一窝鸟蛋，他多么想全部拿走啊。可他想到，鸟妈妈回来后发现孩子全丢了，该多伤心啊！他仿佛看到鸟妈妈痛苦的表情，听到鸟妈妈悲哀的叫声，于是他决定，只从每个鸟窝里拿走一个鸟蛋。

有一天，他正在门外欣赏他的搜集品，一条小狗向他跑过来。他心里一急，就踢了小狗一脚。小狗逃走了，一声也没有号叫。小达尔文马上意识到自己太残忍了。这件事一直留在他的记忆中，一想起来他就觉得良心不安。直到老年，他还清楚地记得这次"犯罪"的地点，为了补偿这一次犯罪，达尔文一生爱狗。

小达尔文还喜欢钓鱼。他知道蚯蚓是最好的鱼饵，但他不忍心看着活生生的蚯蚓在鱼钩上挣扎，于是他先把蚯蚓浸在盐水里，等它死了再用。用死蚯蚓没有用活蚯蚓钓的鱼多，达尔文甘愿如此。

达尔文10岁时，曾到威尔士海边住了几个星期。在那里，他看到了一只猩红色的大昆虫、许多飞蛾和一只斑螯。这些昆虫在家乡他从来没有见到过，他感到很惊异，开始下决心搜集一切昆虫。把活生生的昆虫弄死做成标本，他实在不忍心。这可是个严重的问题，最后他得出结论，为了搜集而把昆虫弄死是不应该的。 因此， 他决定只搜集能够找到的一切死昆虫。

3. 巴特勒博士学校

达尔文在凯斯牧师的小学里只待了一年。 第二年夏天， 父亲把他送进本镇的巴特勒博士学校， 和哥哥伊拉兹马斯一起当寄宿生。

学校离达尔文家不到两公里。 刚到这所学校， 达尔文很想家， 常常在学校夜晚点名之后和关门之前跑回家去。 他跑得很快， 总能按时回校。 有时他没有把握按时跑回学校， 就在心里默默地祷告上帝。 按时赶回后， 他就非常感激上帝的帮助， 而不认为是因为自己跑得快。

校长巴特勒博士是古代语言和古代史方面的专家， 在这所学校任校长已经 20 多年了。 在他的领导下， 这所学校成为英国最好的学校之一， 培养出了一些知名人物。 学校课程， 首先要学习古典语言， 而达尔文对学习语言毫无兴趣。 为了应付老师的督促检验， 他必须花费许多精力去背诵这些知识。 他记得很快， 向老师背诵后， 一天时间就忘记了。

"巴特勒博士学校对我的思想发展有极坏的影响。" 达尔文后来回忆说，"作为教育手段来说， 这所学校对于我简直是一个空白。"

他又说:"我在学校时的性格, 对我后来发生好影响的是, 我有强烈的和多样的兴趣, 非常热爱我感兴趣的东西, 并且深深地喜欢理解任何复杂的问题和事物。"

他最迷恋的是自然科学。 他以极大的热情继续搜集矿物, 想给它们分类, 可又不知道怎么分。 10 岁以后, 他又有搜集昆虫的爱好, 后来又迷上了观察鸟类, 并对观察到的鸟类习性做出记录。 他甚至天真地想, 为什么每一个高尚人士没有都成为研究鸟类的学者, 这是多么奇怪呀!

他对学校课程非常反感, 却对父亲请家庭教师给他讲几何学很满意, 几何学的清晰论证吸引了他。 有一次, 叔父给他解说晴雨表上游标的原理, 他感到非常喜悦, 以至于终生难忘。

同在这所学校的伊拉兹马斯哥哥不知什么时候迷上了化学。 他在自家花园的工具房内布置了一间实验室, 并购置了不少实验仪器。 达尔文很羡慕, 请求参与实验, 于是他成了哥哥大多数实验的帮手。 兄弟两个经常忙乎到深夜。 在哥哥的影响下, 他还认真地读了几本化学书籍。 后来达尔文回忆说:"在学校这一期间, 这是我受到的最好教育, 因为实践使我了解了科学实验的意义。"

达尔文年龄很小, 却喜欢独自长时间地散步, 专心思考某些科学问题。 有一次, 他绕到本镇的旧城堡顶上, 边走边凝思, 没注意那里已被改成人行道, 一侧的墙壁被拆除,一失足从六七尺高处跌了下来。 在跌落的一刹那， 他突然感到有许多想法从脑中涌出。 当时他只顾得惊喜， 竟忘了疼痛和恐惧。

除了科学爱好之外， 达尔文还喜欢阅读各种各样的书籍。

他喜欢古希腊诗人荷马， 古罗马诗人维吉尔和贺拉斯， 英国的早期诗人乔叟、 莎士比亚和弥尔顿， 当代诗人拜伦、 雪莱和司各特。 他阅读和背诵这些诗人的作品有 "无限的乐趣"。 人们常常看到他长时间坐在学校厚墙的窗前， 阅读莎士比亚的历史剧。 有一段时间， 他还特别热心于作诗。 他和几个要好的同学一起搜集古代诗句， 然后用这些诗句拼成各种主题的诗篇。 用这种方法当然做不出好诗来， 可当时达尔文还不懂这个。

《世界奇观》 是达尔文在巴特勒博士学校的前期最爱读的一本书。 这本书是介绍古代七大奇观的儿童读物， 在当时的英国， 几乎每个小孩都有一册。 七大奇观中的 6 个都消失了， 只有埃及金字塔被保留了下来。 书中有些叙述， 引起了达尔文的思考。 他不断提出疑问， 与其他孩子辩论， 这大大刺激了他要到远方旅行的愿望。 1922 年夏天， 他同姐姐卡罗琳骑马到威尔士海边旅行。 美丽的自然风光在他心中唤起强烈的喜悦， 他更加渴望周游世界。

4. "平庸" 的学生

在巴特勒博士学校的后期， 达尔文迷上了打猎， 尤其是打鸟。 他打猎纯粹是出于兴趣， 没有任何实际目的。 这种兴趣非常强烈， 他欲罢不能。 他后来辩解说："我敢说不会有人为着极纯洁的动机比我更热衷于射击鸟类。" 当他第一次打中一只鸟时， 竟激动得双手发抖， 用极大的克制力才将子弹重新装上。

达尔文医生不能理解儿子广泛的兴趣。 他认为儿子只有在学校好好读书， 将来才会有出息， 所以他不断地督促达尔文学习， 但收效不大。

有一天， 达尔文医生不知听到了什么， 在家里大发脾气。 达尔文正好从学校回来了， 一进门就觉得气氛有点儿不对。 姐妹们失去了平日的笑容， 看着他都不说话。 父亲一见着他， 就大声嚷道："你除了打猎、 养狗、 捉老鼠外， 什么都不操心， 将来或玷污你自己， 也会玷污整个家庭！"

达尔文被震惊了， 父亲可从来没有这样对他发过脾气。 他站在父亲面前呆若木鸡， 辩解的话一句也说不出来。 离开父亲面前， 背过脸来， 他差一点儿哭了出来。 父亲是他心目中最有智慧和同情心的人， 竟然这样评价他， 他觉得这太不公平了。

同样的委屈也发生在学校里。

当时英国学校的宗教色彩都很浓厚，学生每天早上向上帝祷告这是必不可少的课程。达尔文却往往借早祷之机背诵他所喜爱的诗篇。有一次，他正在偷偷念诵记在小本子上的雪莱诗歌，被学校的教士当场抓住。教士把达尔文带回房间狠狠训斥，把事情反映给校长，要求开除达尔文。

巴特勒校长还算是思想开明的人，他虽然要求严格，却反对随意处罚学生，禁止教职工抽打学生。他有时也威胁说要开除学生，但仅把它作为一种教育手段，很少真正兑现。他否定了教士开除达尔文的建议，只对达尔文提出警告。

达尔文兄弟做化学实验的事渐渐在学校传开了，同学们还给达尔文起了个外号"瓦斯"。后来这件事也传到了巴特勒校长的耳朵里，他再也不能容忍了。他认为化学实验与学校课程毫无关系，也不属于良好的业余爱好，简直是胡闹。他把达尔文兄弟叫来，以冷嘲热讽的语言狠狠地训斥了一顿。

但是，达尔文对科学的兴趣丝毫不减。此后不久，巴特勒校长当着全体师生的面训斥达尔文，批评他因科学方面的兴趣而荒废了学业。说他一向吊儿郎当，简直快成了不可救药的"二流子"。

达尔文当时不懂什么叫"二流子"，但他知道这是很严厉的责备。当着这么多人挨训，他觉得难受极了。

达尔文心里很清楚， 父亲和所有的老师都认为自己是一个很平庸的孩子， 智力远在普通人之下。 他觉得这很不公平， 但是一肚子委屈能向谁诉说呢？ 他忽然想起了乔塞亚舅舅， 不觉心中一阵高兴， 因为只有这位舅舅理解和支持他的兴趣。

5. 乔塞亚舅舅

在离特伦河畔斯托克城约 10 公里的地方， 有一座被称为梅庄的漂亮庄园， 它距施鲁兹伯里 30 多公里。

达尔文很小的时候， 就听父亲说， 梅庄住着一位很有钱的舅舅。 他的妈妈也私下认为， 韦奇伍德家要比达尔文家优裕得多。 她总是提醒孩子们， 他们的外祖父曾受到乔治三世的王后夏洛特的接见。 这位王后十分赞赏他生产的奶油色瓷器， 他后来就把这种瓷器命名为 "王后瓷器"。 这个故事使达尔文在相当长时间里天真地认为外祖父即使不是一位公爵，也至少是一位男爵。 有一次， 他曾对小同学们夸耀说， 他的外祖父是王后的知己。

老乔塞亚死后， 他的陶瓷实业由次子 （ 也叫乔塞亚 ）经营。 小乔塞亚卖掉了原来的住宅， 与妻子儿女一起搬到梅庄居住。

达尔文医生与小乔塞亚在少年时期就是朋友。 成为亲戚后，　两家的关系很亲密。　达尔文医生和苏珊娜常常乘马车到梅庄去，　有时带着孩子同去。　自从小达尔文出世后，　他们就减少了对梅庄的访问，　苏珊娜病倒后就根本不去了。　直到10岁时，　达尔文才随父亲第一次到梅庄。

梅庄的4位表姐非常喜欢达尔文。　大表姐萨拉被达尔文的漂亮外表迷住了，　她后来曾对人说："但愿我的儿子也能像达尔文表弟一样漂亮。"　但不知什么原因，　她一生没有结婚，　这个愿望未能实现。

达尔文对表姐们的殷勤关怀感到满意和荣幸，　但他最喜欢的是小表姐埃玛。　埃玛比他大10个月，　长得娇小可爱，看起来比达尔文小得多。　两个人特别能玩在一起。

梅庄风景迷人，　周围茂密的树林和广阔的草地，　是达尔文捉虫子、　掏鸟蛋的好地方。　埃玛陪着他到树林里和草地上搜寻，　还陪他到河边钓鱼。　在这里，　他玩得无忧无虑，　痛快极了。　以后的几年中，　他每年都去一两次梅庄，　每次都很愉快，　和埃玛也越来越有话说。　埃玛非常喜欢弥尔顿的诗篇。　在埃玛的影响下，　有一段时间，　达尔文对弥尔顿的兴趣超过了对搜集的兴趣。

达尔文向往梅庄，　还有一个原因，　就是他认为乔塞亚舅舅是长辈中唯一理解和支持他的人。

小乔塞亚·韦奇伍德有良好的教养和判断力。　他沉默寡言，　表情严肃，　对谁都很冷淡。　家里人都有点儿怕他，　不敢和他多说话。 他与很多文学家和科学家有交往， 这些人也喜欢到风景优美的梅庄住上几天。 一位著名作家常来他家， 有一次谈起对东道主的印象时说： "韦奇伍德是一个最好的人， 遗憾的是他对朋友冷淡。"

乔塞亚对外甥达尔文一开始就有好感， 并表现出少有的热情。 他对博物学有浓厚的兴趣， 藏有许多卷自然科学书。他发现并理解达尔文的博物学爱好， 并且有意识地予以培养。 他有时带达尔文到野外打猎或钓鱼， 给达尔文讲一些自然知识。 随着达尔文年龄的增长， 他开始与外甥高谈阔论起来。

1824 年夏天， 达尔文在梅庄度过了两周假期。 舅舅鼓励他， 把所搜集到的一切标本详细地记录下来。

"只搜集是不够的，" 他对达尔文说，"你可以把自己当一个画家， 但是还要使用文字， 而不只使用线条和颜色。 当你描述一种蝴蝶、 一种苔藓的时候， 你必须使别人能够根据你的描述立刻辨认出这种东西来。 因此， 你必须提高你的文字表达能力， 要像莎士比亚那样用文字描绘世界， 叙述历史， 打动人心。"

舅舅的话大大启发了达尔文， 他开始重读一些英国文学作品， 特别是他最喜欢的莎士比亚戏剧和雪莱的诗篇。 他想方设法丰富自己的词汇， 提高表达水平。

1825 年， 达尔文 16 岁生日那天， 舅舅把自己收藏的一

本精装《波尔塞恩博物学》 送给他。 达尔文高兴极了， 如
饥似渴地反复阅读， 从中得到了极大的知识满足。

达尔文从舅舅的鼓励、 支持中得到了快乐和力量， 更加
热爱自然科学。 他后来选择科学研究作为终生职业， 是与舅
舅的影响和帮助分不开的。

二

　　爱丁堡大学逃避功课的学生，剑桥大学
应付考试的能手；寻欢作乐的纨绔子弟，如
醉如痴的科学爱好者。

1. 被迫学医

　　达尔文医生本打算让大儿子学习医学，将来继承自己的事业；小儿子学习神学，将来当牧师。当他看到达尔文对古典课程没有兴趣，不是学神学的材料，就决定让他学习医学。

　　由于达尔文在巴特勒博士学校不好好学习，父亲不等他毕业，就让他提前离开，把他和哥哥一起送入爱丁堡大学。

　　达尔文对学医同样不感兴趣，请求父亲允许他学习博物学。他还搬出祖父的例子来说服父亲："我想学习博物学，是踏着祖父的足迹走，这不好吗？"

　　"你祖父首先是一个成功的医生，然后才是一个博物学者。"父亲回答说，"你只迷恋博物学，会一事无成的！"

达尔文见父亲不会回心转意，无可奈何地来到了梅庄，希望舅舅帮助他说服父亲。

"学医对你的发展可能不合适，"乔塞亚舅舅说，"不过现在还没有充足的理由反对你父亲的决定。我想，到爱丁堡大学对你也不完全是件坏事。爱丁堡大学有生物学和生理学，这两门课程对一个想成为博物学家的人是非常必要的。"

舅舅的话驱散了达尔文心头的愁云。他在梅庄痛快地玩了几天，回到家中就向父亲表示愿意学医。父亲对他的转变很满意。

去爱丁堡之前的夏季，父亲要他帮助看护病人，有意培养他对学医的兴趣。达尔文先把病人的症状详细记录下来，然后念给父亲听。父亲进一步提问，告诉他该下什么药，剩下的工作都由他来完成。有一个时期，他要看护十几个病人，干得很认真、很投入。有一次，他用简单的方子治好了一家几口人的病，感到很骄傲。父亲看在眼里，喜在心中，鼓励他说："你会成为一个成功的医生的。"

1825 年 10 月，达尔文和哥哥一同走进了爱丁堡大学。

爱丁堡大学被誉为"医学博士"的摇篮。时人认为，出自爱丁堡大学的医生肯定会出人头地。医学上许多伟大成就的取得者都是爱丁堡大学的毕业生。英国学生以能进入爱丁堡大学为荣，许多外国学生也慕名前来留学深造。

达尔文抱着很大希望进入爱丁堡大学，但是听课不久，他的希望就完全破灭了。 除了霍普教授的化学课还有吸引力外， 其他课程他都觉得索然无味。 药物学教授的讲课， 他一想起来就觉得可怕。 解剖学课程也使他感到讨厌。 他天性善良， 不愿见到尸体。 第一次进解剖室， 用药水泡过的尸体发出难闻的气味， 使他恶心难忍。 他赶快跑出来， 再也不进解剖室了。

他虽讨厌课堂， 却把爱丁堡大学图书馆作为获取知识的源泉。 他读了很多科学、 文学、 历史、 艺术方面的书籍。 他也读医学， 觉得自己读书比听课收获大得多。 因此他得出结论说:"我认为讲授比起阅读， 害多利少。"

除了听课外， 还要定期到医院做临床实习， 达尔文都按规定参加了， 但是许多情况使他很苦恼: 眼看病人就要痛苦地死去， 医生却束手无策; 本来能治好的病人， 却因为误诊而死去; 生命垂危的病人， 因交不起医疗费而被拒之门外。

达尔文最忍受不了的是看做手术。 当时给病人开刀， 不用麻醉药， 病人被按住四肢， 嘴被堵上， 其痛苦状况令人恐怖。 他第一次到手术室， 看的是剖腹手术， 勉强坚持看到底; 第二次是给一个孩子截肢， 没等手术做完他就跑了出来， 大声叫道:"这太可怕了! 像这样的治疗， 是在增加病人的痛苦， 我实在难以忍受。" 从此， 他再也不进手术室。

到爱丁堡没多长时间， 达尔文对医学已完全没有兴趣。

他无可奈何地写信给父亲：“我继续学医没有意义。” 这使父亲感到很失望。

2. 普林尼学会

哥哥伊拉兹马斯在爱丁堡大学只有一年时间， 就离开了。 达尔文开始同几位爱好自然科学的学生熟识起来。 当时爱丁堡大学有一个研究自然科学的学生组织， 以古罗马自然科学家普林尼的名字命名， 叫作“普林尼学会”。 它是1823年在自然科学史教授罗伯特·詹姆森的支持下建立的。 普林尼学会经常在校园的地下室里集会， 让成员宣读自己的科学论文， 并进行讨论。 在朋友的引荐下， 达尔文也参加了普林尼学会， 在那里又结识了一些意气相投的朋友。 普林尼学会的科学气氛鼓舞了达尔文钻研自然科学的热情。

有一位同学叫葛兰特， 比达尔文大几岁， 当时正努力研究水生物。 有一天， 同达尔文一起散步， 在闲谈中他提到了拉马克。

“谁是拉马克？” 达尔文问。

葛兰特说：“拉马克是法国的博物学家， 他最伟大的著作是1908年出版的《动物学哲学》。 他提出地球上的动物不是一开始就是现在的样子， 而是经历了一个由简单到复杂、 由低级到高级的进化过程。”

达尔文的脸上露出了惊异的神态。

"你没听说过吧？" 葛兰特继续介绍，"拉马克认为生物体内部都有进化倾向， 环境变化的影响使生物进化的进程非常曲折复杂。 生活环境的变化引起动物习性的变化， 而生活习性的变化导致有用的器官进化、 无用的器官退化。 器官的变化被遗传给后代， 逐渐形成新的物种。"

达尔文静静地听着， 感到更加惊异了。

"长颈鹿就是一个著名的例子。" 葛兰特继续讲下去，"拉马克设想， 古代一种爱吃树叶的羚羊， 为了更多地采集树叶， 便不断地伸长脖子、 舌头， 四肢就会变得长一些。 这一变化遗传给后代， 经过好多代后， 羚羊就变成了长颈鹿。"

"真有意思！" 达尔文终于说话了，"不过，《圣经》 上说的可是物种不变呀。"

"我也不敢说拉马克说得对，" 葛兰特说，"不过我喜欢他书中丰富的论证和启发性的思想。"

其实长颈鹿并不是从羚羊进化而来的。 拉马克认为生物进化史是正确的， 但他设想的进化机制却有许多错误。 当时还没有人能对拉马克的学说做出正确的科学评价。

达尔文读过祖父的《动物生理学》， 书中的生物进化思想对他毫无影响。 这次葛兰特讲拉马克， 对他的思想仍然没什么触动。 他万万没有想到， 自己后来的主要科学工作就是建立进化论。他在自传中承认，这次谈话对他后来探索进化论，还是有一定潜在影响的。

达尔文常跟随葛兰特到落潮后形成的池塘里采集动物，并尽最大努力对采集来的动物进行解剖。他还同一些海边渔民结为朋友，有时跟随他们去捕捞牡蛎，获得了许多标本。但是，由于他只有一架很蹩脚的显微镜，又缺乏正规的解剖训练，他的研究几乎是白费力气。功夫不负有心人。达尔文还是有了两个小发现，在普林尼学会上宣读，得到了朋友们的高度评价。达尔文非常满意，希望自己的论文能够出版，但普林尼学会的论文只宣读而不付印，这使他多少有点儿失望。

达尔文有时还去参加学者们的科学集会。他入迷地倾听学者们宣读论文和讨论问题，有时还在心里对他们的观点进行评价。

有一天，霍纳教授带达尔文去参加"爱尔堡皇家学会"的一次报告会。当学会主席司各特爵士讲话时，达尔文怀着羡慕和崇敬的心情注视着他，心里在想，他们都是很有成就的人物，能够成为这个学会的会员该多荣耀啊！他后来回忆说："当时如果有人说，有一天我会得到这种荣誉，我会认为这种谈论是可笑和难以置信的，就像有人说我会被选为英国国王一样。"

詹姆森教授是爱丁堡大学德高望重的自然科学史学者。

达尔文在那里的第二年， 慕名去听他讲授地质学， 但是他大失所望。 他感到地质学乏味极了， 决定终生不再读一本地质学的书。

但是通过听詹姆森教授的课， 他结识了爱丁堡大学自然博物馆馆长麦克吉利夫雷先生。 从此， 在博物馆里， 经常可以见到达尔文。 麦克吉利夫雷是研究苏格兰鸟类的专家， 达尔文从小就喜欢观察鸟类， 两人趣味一致， 谈话投机。麦克吉利夫雷很欣赏达尔文， 教给达尔文不少知识， 还送给他一些稀有的贝类标本。

3. 愉快的暑假

达尔文在爱丁堡大学约两年时间。"这两年的暑假， 我把光阴完全用于玩耍取乐。" 他在自传中写道。

1826 年夏季， 他和两个朋友背着行装， 横穿北威尔士，做了一次长途徒步旅行。 他们每天约走 50 公里， 翻越崇山峻岭， 渡过平湖湍流， 深入茂林幽谷。 数不尽的自然美景和名胜古迹， 使达尔文时而心情激荡， 时而心旷神怡。 他们还登上英格兰最高的斯诺登山峰， 一览英格兰平原的风光。

第二年夏天， 达尔文又同姐姐卡罗琳一同骑马去北威尔士旅行。 卡罗琳已经完全改变了对这位小弟弟的看法， 相信他将来会成为一个人才。

旅行过后， 就到梅庄和附近沃特豪斯欧文先生的领地上打猎。 欧文是动物学家， 与乔塞亚是朋友， 他很欣赏达尔文对科学的志向。

达尔文打猎的兴趣高极了， 晚上睡觉的时候， 他把猎鞋揭开， 在床边放好， 以便早晨起床穿鞋时不耽误半分钟时间。 他能一整天转悠在树林里和灌木丛中， 寻找猎物， 乐而忘返。

对打到的每一只鸟， 达尔文都要做记录。 他把一根绳子拴在扣子眼上， 每打中一只， 就在绳子上打一个结。 有一天， 他与欧文先生的儿子和一个表弟在沃特豪斯打猎。 这两位朋友发觉达尔文用绳子做记录， 就故意跟他开玩笑。 每当达尔文射中一只鸟时， 他们之中一个人就装作装火药的样子， 并且喊道："你不必计算这只鸟， 因为我也开枪了。"

猎场看护人看出他们是在寻开心， 也跟着起哄："对，我看见了， 这只鸟是欧文先生打中的。" 或者说："是希鲁先生打中的。"

达尔文感到很纳闷， 但他知道自己的枪法还不大好， 也就信以为真。 打猎快结束时， 两位朋友才告诉他这个玩笑，但达尔文一点也不觉得好玩， 因为这破坏了他的记录。

达尔文原来把打猎看得很简单， 通过这两个暑假的实践， 他相信打猎也是一种脑力劳动， 无论寻找猎物或操作猎犬都需要相当的技巧。

这两个暑假，除了旅行外，达尔文的大部分时间是在梅庄度过的，他在自传中写道："生活在那里是完全自由的；在乡村里散步或骑马都是很适意的；在晚间那里有极其愉快的交谈，而且演奏音乐，不像一般大家庭聚会那样单调。在夏季，全家常坐在门廊的台阶上，前面是花园，房子对面树木繁多的堤岸倒映在湖面上，湖里到处有鱼儿跳跃和水鸟往来泛游。再没有其他景象比梅庄的这些晚间在我心中印下更为鲜明的图画了。"

1827 年初秋，卡罗琳与乔塞亚舅舅的大儿子宣布正式订婚。他们已经恋爱好长时间了，因为教会反对近亲结婚，卡罗琳一直心存顾虑。她曾经征询达尔文的意见，达尔文当时还不懂近亲结婚可能出现的危害，还说服卡罗琳打消顾虑。

已经 19 岁的埃玛早就对达尔文情有独钟，他希望达尔文在姐姐订婚的同时也向她求婚，可是看起来达尔文一心迷恋打猎，根本没有求婚的意思。她知道这位表弟是爱她的，但不知道他心里到底怎么想，这使埃玛陷入了少女初恋的不安与苦闷中。

1827 年的暑假，达尔文在梅庄还有一件难忘的事，就是见到了乔塞亚舅舅的亲戚、哲学家和历史学家杰姆斯·麦金托什爵士。从麦金托什口中，他知道了很多闻所未闻的知识， 开阔视野。 麦金托什也感觉到达尔文不同于一般的青年人， 过后他对人说：“在那个青年人身上有一些东西使我很感兴趣。” 这话传给了达尔文， 他心里受用极了。 他在自传中提起这件事时写道：“听到伟大人物的称赞， 虽然无疑地易于引起虚荣心， 但我想这对青年人还是有好处的， 因为这可以帮助他沿着正确的道路前进。”

4. 改学神学

达尔文在爱丁堡大学的两年， 父亲对他严加督促， 非常激烈地训斥他游手好闲， 几乎变成了一个打猎专家， 根本不像一个学生。 达尔文完全不想做医生， 仍然凭兴趣我行我素。 父亲无可奈何， 意识到强迫下去终不是办法， 于是决定还是按本来的打算， 让达尔文到剑桥大学基督学院学习神学， 将来当牧师。

1827 年暑假后， 达尔文医生把儿子从爱丁堡大学召回， 要他准备改学神学。

“我听说你曾对人说，” 父亲说，“你喜欢做一名乡村牧师。”

“我是有过这样的想法，” 达尔文回答，“不过我对神学听得很少， 想得不多， 要我宣布相信英格兰教会的全部教义， 我是有顾虑的。”

"那不要紧，" 父亲说，"你读过一些这方面的书，就会发现我们的教义是可以全部接受的。"

达尔文见父亲态度坚决，知道争辩下去没有结果，就要求父亲给他几天考虑的时间。

父亲没有立刻回答，过了一会儿才说："好吧，我希望你能想得通。"

达尔文早就读过《圣经》，一点儿也不怀疑《圣经》上的每一个字都是严格的、准确的真理。这时他集中读了几本神学著作，就很轻易地确信，英格兰教会的全部教义是可以接受的。他向父亲表示，愿意听从安排。

进入剑桥大学，要通过入学考试。达尔文自从离开巴特勒博士学校后，没有读过一本古代经典著作，而且当时学到的经典知识，甚至希腊字母也忘掉了，所以他不能在 10 月份的正常时间入学。达尔文医生聘请了一位家庭教师，教他古代语言。他学得很快，不久就能翻译一些浅显的希腊文学书籍，包括荷马史诗和希腊文《圣经》，达到了入学的要求。

1828 年初，达尔文进入剑桥大学基督学院。

达尔文在自传中写道："就大学的课程来说，我在剑桥的三年时光，可以说和我在爱丁堡和巴特勒博士学校的时候一样，是完全浪费了。"

基督学院的课程主要是古代经典神学，达尔文仅听了少数几门必修课。 听课时， 他懒得记笔记， 课后既不复习，也不进一步钻研。 另外还有数学课， 他倒很想努力学好，但学起来很感吃力。 他怪自己缺乏数学天赋， 渐渐地不耐烦起来。 不过， 他仍然喜欢几何学。

达尔文虽然不用心学习专业课程， 应付考试却很成功。入学的第二年要进行学士学位的初次考试， 在他考前一两个月内突击准备， 很顺利地通过了考试。

第三年要通过学士学位的最后考试， 达尔文相当认真地进行了准备。 他特别温习佩利的《基督教义验证论》 和《自然神学》， 他觉得收获最大。 他说这两本书的论证逻辑就像几何学一样清晰流畅， 令他入迷。 他能够用自己的话准确地写出《基督教义验证论》 的全部内容。

《自然神学》 是达尔文大学时代所读的唯一的一本系统地论述生物学的书。 这本书的目的是证明上帝的存在和无所不能， 证明各种生物都是上帝为了某种目的创造出来的。

无论在家中、 学校里或社会上， 达尔文受到的教育都是绝对承认宗教的， 再加上受佩利的论证逻辑的吸引， 达尔文很轻易就相信了佩利书中的思想。

考试开始了， 达尔文顺利地解答了佩利著作的试题， 几何学考得也不错， 经典学课程考试也都通过了， 综合各门功课的成绩， 他排名第十， 获得了学位。 有些平时学习用功的同学却未能通过考试， 这让达尔文感到很奇怪。

剑桥大学有几门公开讲授的课程，学生可以自由去听，其中有塞治威客教授讲的地质学和亨斯罗教授的植物学。塞治威客是地质学权威，他的讲授雄辩、有趣，吸引了众多的听众。达尔文一想起爱丁堡大学的地质学课就很厌烦，竟然没有去听。他后来有点儿后悔说："如果我去听了他的讲授，可能我早就成为地质学家了。"

达尔文却很认真地听了亨斯罗教授的植物学课。亨斯罗不但讲课极其清楚，还能画出美妙的图来帮助学生理解。他思想开阔，把大自然当作最好的课堂，时常带着学生，步行、乘车或坐船，到野外作修学旅行，随时讲解所观察到的罕见植物和动物。达尔文有时也参加这样的修学旅行，觉得非常有趣。

正是由于同亨斯罗的接触，才改变了达尔文的人生道路。

5. 亨斯罗的赏识

在来剑桥之前，达尔文就听哥哥说，剑桥大学有一位年轻的亨斯罗教授，通晓各门科学，很有名气，使达尔文对他预先怀有敬意。到剑桥后，达尔文了解到，亨斯罗每周在家中举行一次聚会，邀请爱好科学的学生和学校职员讨论博物学。他很想参加，却无缘得到邀请。

一天， 达尔文去找同在基督学院上学的表哥福克斯。 福克斯一见他就说："对不起， 不能陪你了， 我要去亨斯罗教授家。"

达尔文听高兴起来， 急忙问："是参加科学聚会吗？"

"是的。"

"福克斯， 带我一起去吧！" 达尔文请求说，"你知道， 我多么喜欢这样的场合。"

"这……" 福克斯有点为难， 说，"这是在亨斯罗教授家中， 去的人都得到了他的邀请。"

见达尔文有点儿失望， 福克斯迟疑了一下， 说："这样吧， 我先把你的情况介绍给亨斯罗教授， 请求他邀请你参加聚会。" 说完就匆匆走了。

那天的聚会结束， 福克斯晚走了一步， 向亨斯罗介绍达尔文， 希望能被邀请。

"凡是热爱科学的青年， 我都欢迎。" 亨斯罗爽快地说，"下次你就带他来吧。"

福克斯立刻把这个消息通知了达尔文。 下周聚会， 他们有意早到几分钟。 福克斯先将达尔文介绍给亨斯罗， 亨斯罗热情地欢迎达尔文来参加这里的科学集会， 然后直截了当地说："谈谈你的科学工作吧。"

"我从小就喜欢搜集植物、 昆虫、 鸟类、 矿物， 爱好博物学书籍。 我积累了很多标本， 面对成堆的标本， 我就不知道怎么办了。"

"听福克斯说， 你搞搜集的本领很高， 没有人能超过你。"

"我只是对搜集有强烈兴趣。" 达尔文有点儿不好意思，解释说，"如果想得到一个标本， 搜集不到就寝食不安， 其实我根本不知道什么搜集方法。"

亨斯罗已经从眼前这个青年身上感到一种特别的东西，说："研究科学一定要有兴趣， 但光有兴趣是不够的， 还必须掌握科学方法， 训练科学头脑。"

达尔文信服地点了点头， 眼巴巴地看着亨斯罗， 希望他再讲下去。

"你可以去听我的课，" 亨斯罗说，"我的课对全校开放的， 谁都可以去听。"

"那太好了！" 达尔文高兴地说，"我一定去听。"

这时又有客人来到， 中断了他们的谈话。

集会的科学气氛深深地吸引了达尔文。 从此以后， 他每次按时参加集会， 到课堂上听亨斯罗讲课， 与亨斯罗越来越熟。 亨斯罗也对达尔文越来越赏识， 经常邀请他到家中吃饭。 他们常常一起长时间散步。 校园中有些导师不知道达尔文的名字， 提起他时就说"和亨斯罗一起散步的人"。

亨斯罗的科学素养对达尔文产生了极大影响。 在长时间的交往中， 达尔文强烈地感受到亨斯罗知识渊博， 头脑冷静， 有杰出的判断力， 善于从长期不断的细微观察中找出结论。

亨斯罗的高尚品质也在潜移默化地影响着达尔文。 他性格沉静， 对人态度谦恭可爱， 作风朴实， 豁达大度， 公正无私， 并富有强烈的同情心。 一件小事给达尔文留下了永不磨灭的记忆。

有一次， 达尔文检查花粉， 看到花粉伸出来了， 感到很惊奇， 他以前从来不知道这种现象。 他为自己这个新发现惊喜不已， 赶快跑去报告亨斯罗。

"是吗？" 亨斯罗表露出很感兴趣的样子， 用欣赏的语气微笑着说，"你看到的这种现象多么有趣呀！"

花粉管是花粉粒萌发形成的， 这是陆生植物的普遍现象。 达尔文的"新发现" 其实是少见多怪， 但亨斯罗没有嘲笑达尔文， 反而巧妙地维护了达尔文的自尊心和好奇心。他赞赏地说："好奇心是探求自然知识的动力， 观察力是科学发现的钥匙， 这两种素质是一个博物学者所必备的。 从这件事可以看出你有强烈的好奇心和敏锐的观察力。"

达尔文听了， 心中暗暗高兴。

接着， 亨斯罗向达尔文讲了花粉粒为什么会伸出花粉管。 达尔文这才意识到， 自己的行为是多么可笑。 但他一点也不觉得难为情， 反而感到很高兴， 他决定以后不再慌张地去报告自己的发现了。

　　通过亨斯罗，达尔文结识了许多前辈名流，他们中有科学家、哲学家和神学家，有的还是皇家学会的会员。达尔文经常同他们一起散步、谈天。人们用羡慕的眼光看着他，同时又感到很奇怪：这个青年人身上有什么东西能使那么多的著名人物都喜欢他呢？但当时达尔文一点儿也不觉得这有什么特别，也没有感到自己有什么特别之处。一位朋友曾说他将来一定会成为皇家学会会员，他还认为这是在取笑他。只是后来回想起来，他也觉得有点奇怪："我身上某些方面一定有比普通青年稍为优越的地方，不然的话，上述那些人，比我年长那么多，比我的学术地位高那么多，是绝不肯同我交往的。"

6. 最快乐的时光

　　在剑桥大学期间，达尔文最热心、最感兴趣的工作是搜集甲虫。他的搜集纯粹是出于爱好，而不是为了研究，所以对搜集来的甲虫，除了弄清它们的名字外，既不进行解剖，也很少把它们的性状与书上写的加以比较。每捉到一只以前没见过的甲虫，他都激动不已。直到老年，他还清晰地记得当时捕到甲虫的地点。

　　有一天，他剥去老树皮寻找甲虫。在一块树皮下，发现了两只以前没有见过的甲虫。他两手同时出击，各捉一只。 突然， 他眼前一亮， 又一只罕见的甲虫正要逃走呢。不能让它逃掉！ 但他腾不出手来， 慌乱中把右手那一只填入嘴中。 正在伸手去捉之时， 忽然"哎呀" 一声， 吐出了嘴里的甲虫。 原来甲虫排出一股辛辣的液体， 猛地把他的舌头烧得剧痛难忍。 就在这一迟疑间， 第三只甲虫不见了。 再看吐出的甲虫， 也逃走了。

为了搜集甲虫， 达尔文还雇了一个工人去搜集船底的垃圾， 冬天去刮老树上的皮， 装进大口袋中带给他， 他再从中翻拣甲虫。

他发现了不少罕见的甲虫， 有几种标本被昆虫学家斯蒂芬先生选入《不列颠昆虫图解》。"查理·达尔文采集"， 看到这几个字， 达尔文欢欣鼓舞， 比诗人看到第一首诗发表出来还激动。

当时， 达尔文称搜集甲虫为"科学"。 他经常和几个爱好昆虫学的朋友一道外出搜集昆虫。 一些不懂昆虫学的朋友也帮他搜集甲虫。 他写信给外地的朋友， 告诉他们哪里有什么样的甲虫， 要他们为他捉回来。

在剑桥的第二年夏天， 达尔文最亲密的朋友哈伯特要到巴茅茨度假。 达尔文给他一瓶酒精， 要他务必把他认为最不寻常的甲虫捉住， 放在瓶子里。 哈伯特很认真地执行了这一任务。 回到学院后， 达尔文迫不及待地检查了瓶中的甲虫，一只有价值的都没有。 他惊叹地喊着他给哈伯特起的外号：

"呀，　老彻比利，　这些全不行！"

　　达尔文在剑桥另一件感兴趣的事是阅读。　他读了大量自己喜欢的各种书籍，　主要是科学书籍。　无论是旅行或打猎，他总忘不了带上一些书，　一有空闲就阅读。　他的课外阅读完全是凭兴趣，　不感兴趣的书他决不勉强去读，　所以他能在读书中得到极大乐趣，　在不知不觉中积累了广博的知识。

　　在剑桥的最后一年，　他以极大的兴趣阅读了德国科学家洪保德的《南美旅行记》　以及英国青年科学家赫谢尔德的《自然哲学的初步研究》。　原来他对自然科学只是爱好，　从来没想过自己会有什么成就。　这两部书激起了他火热的心情，　希望能为科学大厦的建构做出贡献。

　　达尔文在剑桥大学结识了很多朋友。　在朋友们的影响下，　他培养起了对绘画、　雕刻和音乐的浓厚兴趣。

　　他的亲密朋友惠特利带他参观菲茨威廉美术馆，　向他介绍著名绘画和精美雕刻，　引发了他的爱好。　以后，　他常常主动去美术馆，　欣赏趣味越来越高，　能欣赏最好的绘画和雕刻。

　　达尔文最热心的朋友哈伯特是个音乐迷。　在哈伯特的感染下，　达尔文也对音乐产生了强烈兴趣。　他还参加了一个音乐团体，　经常听他们演奏。　他最喜欢听莫扎特和贝多芬的交响曲。　星期天，　他常常一个人赶好远的路，　到礼堂去听赞美诗的歌唱。　有时他还雇请教堂合唱团的孩子们到自己房间里演唱。 他听音乐到入迷时， 总是感到脊背发颤。

有一次， 哈伯特陪他同去英国皇家学院礼堂， 听了一首极为悦耳的赞美诗。 当唱完最为动人的一段时， 达尔文转过身来， 对哈伯特赞叹道:"太美了!" 然后问:"你脊背有什么感觉?"

哈伯特正陶醉在音乐中， 随口回答:"和你一样。" 其实哈伯特听音乐脊背从来不发颤。

达尔文喜欢听音乐， 却非常缺乏音乐天赋。 他不会打拍子， 听不出走调的地方， 一支歌曲也唱不准。 朋友们很快发现他是个乐盲， 有时就拿他寻开心。 他们故意把他熟悉的乐曲演奏得快一些或慢一些， 问他这是什么乐曲， 他大多答不上来。

达尔文还结交了一帮爱玩的同学， 经常一同举行越野赛马、 打猎、 旅行、 聚餐、 饮酒、 唱歌、 玩牌。

他还组织了一个"美食家俱乐部"， 成员有哈伯特和另外6人， 每周聚餐一次， 还进行各种娱乐。

达尔文房间的牌局和晚宴在学院里小有名气， 许多名门子弟都来参加， 其中有的成为他终生的朋友。 他们在达尔文未来的事业中都曾助其一臂之力。

当时达尔文兴趣广泛， 热情洋溢， 在他周围聚集了一大群各种各样的朋友。 哈伯特在笔记中说:"在朋友中， 达尔文一向是兴致最好、 威望最高、 最受欢迎的一个人。"

达尔文在自传中写道: "在剑桥的三年, 可以说是我的幸福生涯中最快乐的时光。"

7. 最后两个学期

达尔文于 1831 年初通过学位考试。 按规定, 他还要待两个学期才能毕业。 他在南美旅行的梦想中和学习地质学的热情中度过了这最后一段大学时光。

为了表达对达尔文的鼓励和友谊, 亨斯罗送给他一部《南美旅行记》。 这部书是德国科学家洪保德于 1799 至 1804 年考察中南美洲的记载, 书中丰富的生物学、 地质学资料和美丽奇异的风光描写, 深深地吸引了达尔文。

《南美旅行记》 中关于马德拉群岛中特纳里夫岛自然风光的描写, 最让达尔文爱不释手。 在一次同亨斯罗的旅行中, 他大谈特谈特纳里夫岛的壮观。 亨斯罗和其他同游朋友的兴趣被他激起, 表示要去旅游一次。

达尔文怕他们没有下定决心, 回来后, 把这一段描写摘录下来, 反复朗读。 下次旅行时, 他就向亨斯罗和同游者高声朗诵。 亨斯罗再次表示愿意与他一同前往。

达尔文马上为这次旅行张罗起来。 他研究了观赏特纳里夫岛的最佳时间和自己与亨斯罗的出行时间, 决定将旅行日期定在 1832 年 6 月。 他还前往伦敦找到轮船商人, 打听行船情况和船票价钱， 询问该做什么准备。 一切安排停当后，他开始学西班牙文， 因为特纳里夫岛人说西班牙语。

达尔文要到特纳里夫岛旅行的计划， 被一次更有意义的环球旅行机会所打断。

达尔文学习地质学的兴趣， 也是亨斯罗激发出来的。

春季的一天， 在与亨斯罗的散步中， 亨斯罗劝他学习地质学。

"在爱丁堡时，" 达尔文说，"我听过地质学的课， 乏味极了。 我当时决定终生不再看一本地质学的书。"

"好多自然现象都与地质学有关， 一个博物学者不懂地质学是很遗憾的。" 亨斯罗说，"查理， 我们都认为你在科学上很有前途。 你要想在博物学上取得相当成就， 就必须学一点地质学， 学得越多越深就越好。"

"可我怎样才能对地质学感兴趣呢？" 达尔文说。

"你如果想拜塞治威客教授为师， 就会觉得地质学其实是非常有意思的。" 亨斯罗说，"你可以请教塞治威客教授， 读几本地质学的书， 但地质学的主要课堂应该在野外， 你只有通过地质考察才能有所发现……"

"教授，" 达尔文说，"今天听你这么一说， 我已经开始对地质学感兴趣了。"

第二天， 亨斯罗就把达尔文介绍给了塞治威客教授。 在塞治威客的指导下， 达尔文很快便迷上了地质学。

5月份，达尔文回到施鲁兹伯里，对西罗普郡的几个地质状况进行了三个月的考察。用他自己的话说，他"像老虎似的钻研地质学"，他还试图绘制西罗普郡的地质图，但发现并不像预料的那么容易。

达尔文把自己的考察情况写信报告给亨斯罗。亨斯罗在一封信中告诉他，塞治威客教授8月份到北威尔士有一次地质学旅行，他已经建议塞治威客带上达尔文，塞治威客答应亲自给达尔文写信。

这可不是一般的荣誉！塞治威客的考察被认为具有重大科学价值，他带去的人通常都是有声望的地质学家。达尔文非常激动，日夜盼望塞治威客的信。等到7月份，他着急了，认为塞治威客取消了考察，或者不想带他了。他写信给亨斯罗，希望他尽最大努力敦促塞治威客。

其实达尔文的担心是多余的，塞治威客非常愿意带着达尔文。经过施鲁兹伯里时，他在达尔文家住了一夜。

那天晚上，达尔文请教塞治威客："教授，前些时，我在附近考察一个砾坑，有一位工人告诉我，他在这个坑里捡到一个热带大涡螺壳，就像别墅的旋转式烟囱帽那样。我让他卖给我，他说什么也不肯。为什么这一带有热带大涡螺呢？"

"你相信他真的是从那里捡的吗？"塞治威客无动于衷地问。

"我相信他绝不会骗我。" 达尔文很有把握地回答。

"这不可能！" 塞治威客说，"如果他真从那里捡到的，那肯定是有人丢到那个坑里的。 要是这一带真埋藏有热带涡螺的话， 这将是地质学的大不幸， 我们所知道的关于英格兰中部广大地区的地层知识就会被推翻。"

达尔文大惑不解， 问："为什么呢？"

"因为这一带的砾层是属于冰川时期的，" 塞治威客说，"不可能有热带涡螺。"

地质学权威的解释， 达尔文当然信服。 他自责地说："我也读了几本地质学的书， 这么简单的道理， 我怎么就没想到呢？"

"凭孤立的事实很难得出科学的结论，" 塞治威客语重心长地说，"科学在于综合事实， 才能从其中得出一般的法则和结论。"

达尔文突然觉得心里一亮， 说："这个道理对我太重要了。"

从与达尔文的简短交谈中， 塞治威客感到达尔文是一位会在科学上大有出息的青年， 他很乐意对达尔文多加指导。

第二天早上， 他们出发了。 一路上， 塞治威客不断向达尔文讲解地质学的知识和问题， 告诉他怎样发现岩石标本， 怎样在地图上标出岩石的层理。 塞治威客还有意让他沿着与自己平行的路线前进， 让他自己发现岩石标本， 自己标注地图。 达尔文后来说:"这次旅行在教导我如何理解一个地方的地质, 具有决定性的意义。"

到贾波·居利后, 达尔文离开了塞治威客, 凭着地图和指南针, 穿过这条山脉, 到达巴茅茨, 然后回到施鲁兹伯里家中。 亨斯罗教授的一封信正在等着他, 这封信决定了达尔文的人生道路。

8. 难得的机会

亨斯罗这封信的起因是这样的: 英国海军部要派罗伯特·菲茨罗伊船长率"贝格尔号" 军舰到南美洲和其他地方进行海岸勘察, 罗伯特船长相信他的舰上特别适合于博物学家来研究所到之处的生物和地质, 决定以个人名义邀请一位博物学家随行。 征得海军部队的同意后, 他写信给伦敦的朋友, 天文学家乔治·皮科克, 请他推荐一位适当的人, 以博物学家的身份参加这次航行。

皮科克没有找到合适的人, 就写信给亨斯罗教授, 请他务必推荐一位。

亨斯罗第一个想到的就是达尔文, 他在这封信中说:

……在我所知道的那些可能接受这种工作的人之中, 我认为你是最合乎条件的。我这样说并不是假定你是一个完美的博物学家，只是认为你有充分的条件去搜集、观察和注意博物学中任何值得注意的事……对一个有热情、有志气的人来说，我想从来没有比这更好的机会……不要谦虚地怀疑或害怕你不合乎条件，我可以肯定你正是他们所要找的人。

信中还说："这次航行预定为两年。 如果带上大量书籍，你喜欢做的大概都能做到。"

达尔文看完信， 高兴得简直要跳起来。 他正梦想着远航旅行， 这不是天赐良机吗？ 而且还要进行自己最感兴趣的科学考察， 岂有不去之理！ 他急不可待地把信拿给父亲看。

"我不同意你去！" 达尔文医生看完信， 面色凝重地说，"我已经与利奇菲尔德大主教联系好了， 下一个复活节就授予你副主祭的职位， 去远航冒险与你的牧师职业是不相称的。难道你还想再次改变职业吗？"

"可是， 爸爸，" 达尔文请求说，"这个机会对我太重要了。"

"我看一点儿也不重要！" 父亲生气地说，"你想过没有，你已经多大了， 该不该安下心来， 自己成家立业？"

父亲这几句话说到了他的痛处。 是啊， 父亲为供他上大学， 花掉了一大笔钱， 现在确实该自立了。 而远航考察是自费的。 如果父亲不同意， 肯定不给他钱用。 没有家中的经济支持，还怎么去考察呢？

　　沉默了一会儿，父亲的语气缓和了下来："我并不是毫无道理地阻止你。你想过没有，他们在推荐你之前一定已向另外许多人提出过，从没有人接受推荐的情况来看，这次探险一定有严重值得反对的地方。你在优裕的生活中长大，船上的生活肯定极不舒适，长期远航，你会受不了的。所以我认为这是一个狂妄的计划，对你没有一点儿益处。"

　　父亲慈爱的语言感动了达尔文。他是一个孝顺的儿子，不忍心再刺激年老的父亲，就说："爸爸，也许你是对的。我这就写信给亨斯罗教授，谢绝他的推荐。"

　　达尔文的顺从反倒使父亲对刚才的粗暴态度有点后悔，好像是寻求补救似的说："查理，如果你能找到任何一位有常识的人赞成你去，我就可以答应你。"他相信，儿子的决定是轻率的，这样一位有常识的人是没有的。

　　达尔文立刻写信给亨斯罗，非常感激地谢绝了他的推荐。第二天早晨，达尔文就被邀请到梅庄打猎去了。

　　他随身带着亨斯罗的信，只是想让表姐们知道自己的伤心事，并没有求助的意思。表姐们一致认为他应该去，达尔文破灭的希望重生了起来，他才想到乔塞亚舅舅就是这样一位有常识的人，父亲总是非常尊重他的意见。

　　达尔文将父亲的反对意见列成一个表，连同亨斯罗的信交给乔塞亚舅舅。乔塞亚舅舅当即表示："你父亲的反对没有道理，我帮助你说服他。这件事与你当牧师并不矛盾，将来你既当牧师，又研究科学，不是更好吗？一定不能放过这次机会！"

乔塞亚不愿让这件事破坏了打猎的兴致，他让达尔文先给父亲写一封信，附上他对达尔文医生的反对意见的意见，派人送到施鲁兹伯里。他玩一天，然后再亲自去说服达尔文医生。

9月1日，乔塞亚陪同达尔文回到家中。达尔文医生一见乔塞亚就说："请改变你的说客身份吧，我已经收回了我的意见。"

达尔文绝处逢生，喜出望外，笑着安慰父亲说："爸爸，我在剑桥太奢侈了。到了舰上后，如果要用钱，我应当会格外聪明。"

父亲微笑着说："我听说你很聪明呢！"

达尔文担心亨斯罗收到他的谢绝信后马上又推荐了别人，就匆匆离家赶往剑桥，随后又到伦敦会见菲茨罗伊舰长。

菲茨罗伊一见达尔文，顿时大失所望。他迷信相面术，长着像达尔文这样高高翘起鼻子的人，他认为很难有毅力坚持完成这次考察。只是由于没有充足的时间物色另外的人，他才没有拒绝达尔文。如果这期间还能找到别的人，他是不会把达尔文带上舰的。

9月11日，菲茨罗伊陪达尔文乘汽艇到普利茅斯海湾，参观"贝格尔号"军舰。

达尔文当时正为能参加这次航行而欢喜鼓舞。在他眼中，有关"贝格尔号"舰的一切都是最好的。他给姐姐苏珊写信说：

我的房间好极了，它的确是一间仅次于舰长的房舱，而且光线非常充足……菲茨罗伊舰长说，他负责叫人把一个角落改成一个令我舒适的地方，将来我可以把它当作我的家。我也可以自由地使用他的房间。我的房舱是画图间，中央放一张大桌子，我们两人就睡在它上面的吊床上，不过头两个月无图可画，所以这将是一个非常舒适的房舱，比舰长的房舱还要大得多。

"贝格尔号"最初定于11月4日起航。达尔文回到施鲁兹伯里后，在给菲茨罗伊的信中说："对我来说，11月4日将是一个多么光荣的日子。到那时，我的第二生命就要开始，那一天将是我以后生活的开始日。"

10月24日，达尔文到普利茅斯海湾住下来等待起航。离家前，他到梅庄向乔塞亚舅舅一家辞行。当面对小表姐埃玛时，长期隐藏在他心中的爱情突然强烈起来，他差一点要向埃玛提出求婚。但转而一想，这样仓促订婚后让她久等是不公平的。

"我这次航行大约需要两年。"他对埃玛说。

埃玛明白达尔文的意思，羞涩地说："盼望你能早点回来。"

　　达尔文没有想到，这一去就是 5 年。埃玛虽然已经 23 岁了，但在 5 年中，她打发了其他的求婚者，一直等着达尔文。"贝格尔号"两次起航，都被风暴挡了回来，在两个月的等待中，达尔文无事可做，感到非常无聊和痛苦。普利茅斯海湾的恶劣天气，更加重了他的坏心情。他开始感到心悸和心痛，认为自己得了心脏病，但他不敢请教医生，因为他已经拼上一切去参加这次航行，害怕医生做出不适宜航海的诊断。

三

　　一艘不起眼的小军舰，一次不平凡的环
球航行，由于一位"自然哲学家"的参与，
在科学史上留下了永远的光荣。

1. 菲茨罗伊舰长

　　1937 年 12 月 27 日，"贝格尔号" 舰第三次起航成功，开始了历时 5 年的远航。

　　"贝格尔号" 舰是一艘三桅木帆船，吃水量 235 吨，舰长不到 30 米，配有 6 门火炮，两只大救生艇和一只小艇，吃水线以下有足够的地方贮存供全舰人员 6 个月用的食物和淡水。 这种船的舷较高， 遇到大风浪容易翻覆， 因此外号叫"棺材"。 它从 1826 至 1830 年， 已经完成了一次远航， 经过了地球上风浪最大的海域， 没有发生意外事故。 这次远航前， 整个舰被彻底重修了一遍， 装备了最精良的仪器设备，舰内舰外都焕然一新。

　　舰上共有 60 余人。 菲茨罗伊舰长是司令兼测量师， 威克姆上尉和沙利文上尉是副司令。他们之下有 2 个军医、1个副官、1 个负责绘图的画家、8 个水兵、2 个海军见习生、1 个志愿兵、1 个会计、1 个木工、1 个秘书、35 个水手和 6 个侍从。达尔文是舰长的特邀客人，由于他的参与，这艘小帆船和这次航行被载入史册，获得了永远的光荣。

这么多人挤在一个小舰上生活 5 年，彼此之间是很容易发生争吵的。由于菲茨罗伊舰长的坚强领导，保证了全舰人员始终努力工作，相安无事。

菲茨罗伊仪表堂堂，很像一位绅士。他出身高贵，祖父是第三位格尔夫顿公爵，父亲查理·菲茨罗伊勋爵是一位非常著名的将军，但他极其谦虚，从来不炫耀自己的门第。他十几岁就参加海军，表现出色，扶摇直上，26 岁就升为舰长。1828 年，他还是海军上尉时，就同斯托克斯舰长一起率"冒险号"舰到南美进行了一次历时三年的勘察，现在他已经是经验丰富的航海家了。

他有很高的科学素养，不仅精通海岸测量和绘图，而且具有地质学和气象学的专门知识。后来从海军退役后，他成为一位气象专家，为气象学的发展做出了杰出贡献。

在达尔文眼中，菲茨罗伊忠于职守，极其慷慨、勇敢，有不屈不挠的精神，为了帮助他认为值得帮助的人，他会承担任何困难。

达尔文在航海初期的家信中写道："我平生从没有遇到过一个能忍受这样多的疲劳工作的人。他不停地工作着，当他看来没有工作的时候，他正在思索。如果他不致累死的话，他在这次航行中将会完成大量的工作。"

菲茨罗伊真诚地关心达尔文的科学考察工作，并尽一切力量进行帮助。他给达尔文派了一位专用仆人——科文顿。达尔文离船上岸考察，他总是还要派人帮助。

菲茨罗伊脾气很坏，对冒犯他的人，他会连续不断地发脾气。舰上的人都害怕他，下级军官在午前换班时，总要问一句："今天早晨分给很热的咖啡了吗？"指的是舰长的脾气怎么样。

虽然他很难友好相处，但舰上的人都知道他首先想到的是他的职责，为了全舰的利益他会牺牲自己的任何东西。所以人们忍受了他的严厉态度，而对他的高尚品质表示尊敬。

达尔文是他邀请的客人，他对达尔文是最客气的了。达尔文有时也同样感到与他亲密相处的困难。他发起火来很不讲理，但过后会向达尔文表示歉意，很快就忘掉了，就像什么也没发生一样。

达尔文非常赞赏菲茨罗伊的高尚品格，同时又为他的暴躁脾气深感遗憾。回国后，两人长期保持着友谊关系。后来达尔文出版了《物种起源》一书，刺伤了他的宗教信仰，他对达尔文非常愤慨。

菲茨罗伊慷慨大方，视钱财如草芥，把家产荡尽，晚年穷困潦倒，再加上过度工作，引起精神失常，在60岁那年自杀而死。死后亲友们为他募捐还债。

2. 舰上的"哲学家"

刚起航不久，达尔文就在舰后拖一张网，捕捞海生动物。在风平浪静时，他一天的工作就是在舰上研究海生物。如果遇有风浪，军舰开始颠簸，他就感到晕船，不能再工作。如果不太呕吐，就勉强看一些航海和旅行的书籍。

达尔文远航5年中，最感痛苦的就是晕船，起初只是感到很不舒服，后来越来越厉害，有时呕吐得整个胃好像要翻出来，一点儿东西都不能吃，连站起来看一眼遥远的海岛轮廓的力气都没有，只有躺在吊床上才感到稍好一些。晕船严重地损伤了达尔文的健康，他后来身体很坏，据推测是由于长期的过分晕船造成的。

尽管如此，达尔文也绝不会半途而废，因为他知道，这次远航的收获，是用其他方法所不可能得到的。他在家信中写道，如果放弃了考察南美的美妙远景，"我会死不瞑目的……我将变成一个鬼魂，出没于大不列颠博物馆"。

由于有坚定的信念支持，他把非常狭小的船舱看作非常舒适的工作和生活空间。他在写给父亲的信中说："我感到一只船就是一座舒适的房子，所需要的东西应有尽有。如果不是晕船，恐怕全世界的人都要来当水手了。”

达尔文的考察对象主要在陆地，“贝格尔号”舰每停泊一处，他就立即上岸，身挂猎枪，手握地质锤，骑马、乘船或步行去考察陆地的地质和生物状况，旅行于没有人烟的高山荒原、密林深谷。有时持续几个星期，经常风餐露宿，忍饥受渴，遇到过种种危险。

不到一年时间，他已经长起了大胡子，有时脸也洗不干净，跟通烟囱的工人一样。

他每到一地，都采集到大量的岩石、化石、植物和动物标本。船舱里堆放不下，必须小心包装后，一批一批地寄回英国。

每天的工作结束后，他就坐下来以日记的形式总结一天的研究工作，把一天的所见所闻、所做所思记录下来。这些日记不但为他后来的研究工作提供了丰富的材料，而且成了重要的科学文献。

达尔文说，自从船驶过圣地亚哥后，他没有偷闲过半小时。在航行结束前，他写给姐姐苏珊的信中说：“胆敢浪费一小时的人还没有发现生命的价值。”他后来常说，他在“贝格尔号”舰上得到了节省时间的金科玉律，那就是要注意每一分钟。

达尔文这次远航完全是自费，生活方面花销很少，大量的费用都花在了考察上：雇用向导、马匹、小船、人力，以及把大量的动植物标本、骨化石、岩石装入木箱，寄回英国的装运费。他很担心父亲不肯支付这些费用，不断向家中写信，开列一笔笔详细账目，解释花钱的原因，保证绝不随便花钱。虽然家中对他的花费并没有说什么，他却为花去家中那么多钱而感到非常不安。他在一封家信中说：考察的收获是十分美妙的，却伴随着阴暗的一面，这就是"一个可怕的幽灵——金钱"。在"贝格尔号"舰上，他养成了勤俭和精打细算的良好习惯。

由于考察中研究的需要，达尔文随身带了不少书籍，还经常麻烦姐姐给他寄去博物学的各种书籍。在舰上，对他影响最大的一本书是赖尔的《地质学原理》，这部书的第一卷是临行之前亨斯罗教授送给他的。在航行中，家里又寄来了第二卷。亨斯罗希望达尔文认真读一读，但不要相信赖尔的观点。

地球上的地质状况为什么是现在这个样子？当时的流行观点认为，这是很古以前地球上曾发生的巨大地质灾变造成的。自那以后，地球就一直没有什么大的变化。亨斯罗也是相信"灾变论"的。而赖尔认为，地球的地质面貌是渐变的结果：风、雨、河流、地震、陆地的缓慢升降，温度的变化及动、植物的作用等"微弱"力量，才是地球变化的真正因素，根本没有什么大灾难。

　　达尔文被赖尔的地质理论深深地吸引，并用它来指导自己的地质考察工作。他在考察中发现的大量地质资料都证实了赖尔理论的正确性，促使他根据赖尔的理论来思考生物界的复杂现象，发现生物在彼此之间的长期相互作用中也在缓慢地发生变化。

　　赖尔的《地质学原理》仍然坚持上帝创世说，认为物种是不变的。达尔文根据观察到的大量事实，终于突破了宗教思想的束缚，开始试图用科学来解释物种的起源和变异问题。

　　起初，达尔文仅把自己看作一个搜集标本和事实，供大人物们使用的人，他甚至对自己的采集品是否具有科学价值也表示怀疑。随着不断的发现和思考，他已不再满足于做一名采集者，而渴望在科学上取得一定的地位。这种勃勃雄心更激发了他的工作热情。

　　"贝格尔号"舰上的人对达尔文非常尊敬，他们非常佩服和支持他的考察工作，很快都成了他的朋友。他们称达尔文为"哲学家"或"亲爱的老哲学家"。在19世纪前，科学被称为"自然哲学"，当时还没有"科学家"这个词。达尔文在家信中说："我的确喜欢所有的军官。"达尔文一生都保持着对这些人的愉快回忆。从他所讲的航海故事中，他的孩子们也都熟悉这些人的名字。

　　舰上的第一副司令威克姆负责卫生，他强烈地反对达尔文把采集品乱放在甲板上，称那些标本是"可诅咒而讨厌的恶作剧"，经常说："如果我是舰长，早就把你与你那些可恶的脏东西扔到海里去了。"但他却是达尔文最喜欢的朋友，在达尔文眼中，威克姆是个"欢天喜地的家伙"。

舰上的第二副司令沙利文后来回忆说："在'贝格尔号'舰的 5 年中，人们从没有见他发过脾气，也没有听见他向任何人说过一句冷酷或鲁莽的话。所以不难明白，为了这一点，加上我们对他的精神和才干的钦佩，我们为什么称他为'亲爱的老哲学家'。"

3. 驶向南美大陆

1832 年 1 月 6 日，"贝格尔号"舰驶进了这次远航的第一个港口圣·克鲁斯港，从这里就可下船去欣赏瑰丽的特纳里夫风光，这是达尔文梦寐以求的地方。可是刚一停船，就上来一个身材矮小、面色苍白的人，通知船上人员必须先接受 12 天的严格检疫，然后才准上岸。这个消息浇灭了达尔文和全舰人员的兴致。菲茨罗伊舰长不愿等，咬了咬牙，下令"上帆"。特纳里夫山峰壮丽的景色，只能站在船头遥望欣赏了。

1 月 16 日，"贝格尔号"舰驶进佛得角群岛圣地亚哥岛的普拉亚湾，在那里停泊 23 天。达尔文被圣地亚哥的地质吸引住了。 岛上一条白色的岩石带， 可以明显看出岩石中的贝类和珊瑚。 他经过研究认定， 这个岛是由火山爆发造成的， 原来曾是海底。 火山爆发后， 一股熔岩留在由贝类和珊瑚形成的海床上， 把这些贝类和珊瑚凝结成坚硬的白色岩石， 从那时起， 整个岛便隆起了。

圣地亚哥的空气中经常有一种尘雾， 落在甲板上， 好像是一种极细的灰尘。 这是什么呢？ 是从哪里来的？ 海员们告诉达尔文， 这是从非洲沿海吹的风带来的。 他搜集了一些， 寄到伦敦做鉴定。 回航后得知鉴定结果， 原来这种细尘是由贝壳和一些微生物及水草的外壳粉末组成的。

太不可思议了， 它们竟能被风吹到 1000 海里之外！ 许多年后， 达尔文研究植物分布问题， 为什么相互隔绝的地方生长着相同的植物， 他想起了这种海洋微尘， 推论说， 有些植物的孢子可能就是随着它飞越重洋的。

2 月 17 日， 船在赤道以北约 80 公里的圣保罗岛停泊。 只有达尔文和威克姆带着枪支和地质锤上了岸。 岛上一片荒凉， 有成群的鸟， 不知道怕人。 他们用石头和棍子打死了很多， 装满了一小船回到舰上。 当他们在岛上时， 舰上的人同鲨鱼进行了一场大战， 争夺一条美丽的大鱼。

穿过赤道时， 达尔文接受了刮脸礼， 这是当时的航海风俗， 新参加航行的人到这里都要接受这种仪式。 先将受礼人的脸用油漆和柏油擦过， 形成一层泡沫， 再用代表剃刀的锯条把它刮去， 然后被按在一个注满海水的帆中淹个半死。

2月29日， "贝格尔号" 舰到达巴里亚， 即圣萨尔瓦多。 达尔文被这里的美丽风景迷住了， 一片美丽的森林包围着悬崖海岸上一座美丽的小镇。 小镇的建筑非常幽雅别致， 从小镇俯瞰， 瓶颈般的海湾里停满了大船。 达尔文在鲜花和树林间散步， 感到了极度的欢快。

4月初，"贝格尔号" 舰到了里约热内卢。 这里的景色美极了。 港口周围峰峦起伏， 形态各异； 满山植物， 郁郁葱葱。 海湾里水天碧澄， 交相辉映。

"贝格尔号" 舰在这里停泊3个月， 达尔文经常到森林中进行考察旅行。

达尔文在路过的岛上已对热带森林赞叹不已， 到这里才真正认识到什么叫热带森林： 挺拔的树干轻轻地摇动着美丽的树冠， 好像在向游人点头致意； 寄生植物的花朵娇美鲜艳， 好像在微笑着欢迎游人； 有些植物互相缠绕， 好像在劝游人慢点行走； 蕨类植物摆出各种优美身姿， 好像在故意吸引游人注意； 柔软的含羞草覆盖地面， 好像为游人铺上了一张好看的地毯； 美丽的大蝴蝶悠然地穿飞于树林中， 好像在为游人引路。

热带森林的动物也令达尔文惊奇不已。

有一次， 达尔文发现一只被打死的大猴子， 尾巴绕着树枝， 吊在大树上。 无论怎么也把它弄不下来， 只好把树砍倒，才把它取下来。这种猴子尾巴的特别缠绕力，使达尔文大为惊奇。

他看到雨蛙贴在陡峭光滑的石壁上爬行自如，捉到一只仔细观察，发现雨蛙的脚趾顶端类似吸盘。他把雨蛙放在镜面上，镜面与地面垂直，雨蛙牢牢地吸附在镜面上，需要用力才能把它拿下来，真是不可思议！

达尔文花了大量时间观察、搜集热带森林的昆虫。

热带森林里到处是蚂蚁，它们有组织的捕猎活动吸引了达尔文。有一次，他看到密密麻麻一大片蚂蚁，在追袭许多蜘蛛、蟑螂、甲虫和几只蜥蜴。突然，这些蚂蚁分成两队，对猎物进行合围。眼看就要成功了，达尔文却在蚂蚁进军的路上放一块石头，两队蚂蚁碰到这障碍物就开始退却，跑到一边去了。

达尔文观察到一种蜘蛛，常把网结在龙舌兰的叶子间，很不容易被发现。蜘蛛头朝下，守在网中央。黄蜂飞过，翅膀一触网，就被卷入网中。蜘蛛把黄蜂急速旋转几次，吐丝把它缠住，然后猛蜇一下，把毒液注入黄蜂体内，就爬开了。半分钟后，黄蜂被毒死，成了蜘蛛的美餐。

黄蜂也是蜘蛛的天敌。在里约热内卢附近，达尔文看到许多黄蜂窝，里面装满了蜘蛛和毛虫，这是准备给幼虫吃的食物。为了不让食物腐烂，黄蜂只把这些猎物蜇得昏迷不醒，并不弄死它们。

有一次， 他看到了黄蜂与大蜘蛛间的一场战斗。 一只黄蜂突然冲向蜘蛛， 猛蜇一下立即飞开。 蜘蛛受伤逃跑， 从小斜坡滚下来， 钻进草丛隐蔽起来。 黄蜂开始寻找， 它急速地振动着翅膀和触须， 做小半圆的环绕搜寻， 很快便发现了目标。 黄蜂害怕蜘蛛， 不敢贸然进攻， 做了几次试探性攻击后， 才在蜘蛛胸下蜇了两下。 蜘蛛已经不动了， 黄蜂还不放心， 又用触须试探了几次， 然后拖着尸体就走。 这时达尔文捉住了这个刽子手， 缴获了他的猎物。

达尔文还发现了许多蜘蛛联合结网的现象， 每个蜘蛛的网由几根公共的蛛丝连接着。 这些公共蛛丝四通八达， 形成一个公用的大网。 每个蜘蛛都可以在这张大网上自由活动。 有些巨大的灌木丛顶部， 四面八方都被这种联网围住。"原来有些蜘蛛也喜欢过集体生活！" 达尔文想。

4. 可憎的奴隶制度

巴西的热带森林， 让达尔文流连忘返， 但当地的奴隶制度却引起了他极大的憎恨。

他了解到两个种植园主瓜分一船新运到的黑奴的悲惨场面。 一个只要男奴， 一个只要女奴， 将黑奴中的夫妻生生拆散。 黑奴们哭叫着抱在一起， 乞求不被分开， 但得到的是棍棒、 皮鞭和绳索。

　　达尔文居住的邻居，有一个黑女奴，几乎每时每刻都在挨打受骂。达尔文说，她受到的虐待，即使最低等的动物也无法忍受。这个女奴挨打时的惨叫声强烈地刺激着达尔文，他说："每当我听到远处传来一声尖叫，心头就会产生一阵剧烈的疼痛。"

　　有一次，他看到一个六七岁的小孩，被主人用皮鞭在光脑袋上乱抽，因为他用一只不干净的杯子给主人倒水。孩子的父亲在一旁看着，吓得浑身发抖，不敢上前保护孩子。

　　一天，一个黑人摇一艘平底船送达尔文，他比画着向这个黑人解释什么。那黑人突然恭敬地垂首而立，半闭着眼睛，等着挨打。原来他认为达尔文发脾气了，因为平时白人一发脾气，就要打他。

　　"当我看到一个强壮有力的成年人，认为别人要打他耳光，而不敢自卫的时候，"达尔文写道，"一种交织着惊讶、厌恶和耻辱的感情在我心中涌起，让我永远也忘不掉。"

　　有压迫就有反抗。就在达尔文身边，发生了一件可歌可泣的事。一位黑人女青年，因为不愿做奴隶，以死来捍卫她做人的尊严。

　　有一次，达尔文经过一个陡峭的花岗岩山麓，当地人告诉他，这里曾是暴动逃亡奴隶的避难所。一队士兵抓获了所有的人，只有一个老妇人跳崖而死。达尔文感叹地写道："这种行为，如果发生在一个罗马妇女身上，就会被认为是一种热爱自由的崇高表现，而对一个贫穷的黑人妇女，就要说她是顽固不化。"

达尔文在国内时也曾表示反对奴隶制。临行前，有一位拥护奴隶制的人曾对他说："你在奴隶制国家住过以后，全部意见就会发生改变的。"

"现在我觉察到的唯一改变是，"达尔文写道，"我对黑人的性格有了更高的评价。看到一个黑人而不对他产生亲切感是不可能的。他们有着那样愉快、坦白、忠实的表情和那样肌肉健壮的体格。"

达尔文掩饰不住对奴隶制的强烈憎恨，就在这个问题上，他与拥护奴隶制的菲茨罗伊舰长争吵起来。

"贝格尔号"舰在巴利亚海湾停泊时，菲茨罗伊去拜访了一位大奴隶主，回来后对达尔文大发感慨，说："奴隶制真是一种最人道的制度！"

"恰恰相反，"达尔文马上反驳说，"我认为它是最残忍的制度。"

菲茨罗伊说："我刚访问了雷诺先生，他经营的种植园，劳工全是黑奴，他们都过得很幸福，不愿改变奴隶的地位。"

达尔文露出了不可理解的神态。

"为了证明这一点，"菲茨罗伊继续说，"雷诺还把许多奴隶召集在我面前，问他们是否快乐，他们回答说'快乐'；

问他们是否愿意自由， 他们回答说'不'。 难道这还不能说明问题吗？"

达尔文听了很觉可笑， 以嘲讽的语气问："你认为这些奴隶的回答很有价值吗？"

"你怀疑我说的话？" 菲茨罗伊勃然大怒，"我们以后不能在一起了！" 说罢就冲出了房间。

这下子可坏事了。 达尔文想， 舰长肯定要把我赶下舰，他恐慌地等待着菲茨罗伊的逐客令。

菲茨罗伊出去后， 把大副臭骂一顿发泄怒气。 过后他又主动表示和解， 要达尔文还和他住在一起。

达尔文对那些喊着反对奴隶制度， 却干着贩运奴隶勾当的殖民主义者深恶痛绝。 他写道："在里约热内卢有这样一个人， 他的丰厚薪水就是为了禁止奴隶进口。 他住在波妥佛果湾。 当我住在那里时， 大部分被偷运来的奴隶就是从这个海湾送到岸上的， 反对奴隶制的人应当质问他的职责何在。"

达尔文称奴隶制度为基督教国家的丑事， 对英国政府的漠不关心态度非常愤慨。 他说："就凭这一条， 我也不会成为英王党员。"

5. 在潘帕斯草原

1832 年 7 月 26 日，"贝格尔号" 舰开进蒙得维的亚港。

从这里上岸，达尔文对横跨乌拉圭和阿根廷的潘帕斯草原进行了考察。

"潘帕斯"的意思是"没有树木的草原"。草原上老是刮着干燥的风，土壤都被吹干了，而太平洋上含有水分的风吹不进来，所以这里不长树木，只有斜坡上和河岸上长一些可怜的灌木。

在这里，达尔文搜集到好几种哺乳动物、80种鸟类和许多爬行动物的标本。

当地的高乔人，是西班牙与印第安人的混血种，他们体格俊美，性情彪悍，身穿花衣服，腰插短刀，脚上马刺叮当作响，看起来像强盗。其实他们都很礼貌好客，乐于交谈。

他们以放牧为生，捕捉牛羊都用套索和投石索。

套索用生皮带编成，先绾成一个大套圈，其余部分绕成一圈握在左手，用右手甩套圈。只见马上的牧人举起右手，将套索在头顶旋转，然后轻轻一抖甩出，套圈张开，向猎物掷去，几乎是百发百中。投石索上端有两块石头，有时是木球或铁球，用绞合皮带连接，也在头顶上旋转后甩出，石头"呼"的一声，飞向猎物，以螺旋形的动作缠住猎物，把它绊倒。

这两种方法都不会伤害猎物。达尔文也想学会这种本领，结果却套住了自己的马。高乔人笑得前仰后合。他们说， 从来没见过一个人竟会捉住自己。

离开这里，"贝格尔号" 舰驶向阿根廷海岸南方。 经过马尔多纳多、 拉普拉塔、 内格罗河和科罗拉多河， 到达布兰卡湾。 途中达尔文经历了不少有趣事件， 见到了许多奇异的自然现象。

拉普拉塔的土著居民用石索捕捉美洲狮， 他们先用石索套住狮子， 让它拖着石索跑。 等它跑得筋疲力尽时， 再去捕捉。 一个土人告诉达尔文， 他们3个月里就捉到了100头狮子。

在巴塔戈内斯（现名卡门）， 有许多咸水湖泊， 四周都围着一道黑色淤泥， 有大量的腐草腥臭难闻。 达尔文用显微镜观看， 淤泥中有无数纤毛虫。 咸水中有众多蠕虫， 专吃纤毛虫和丝藻。 岸上的红鹳鸟则在淤泥中找蠕虫吃。

"一个特殊的封闭的小小生物世界， 正好适应于这种内陆咸水湖。" 达尔文写道。

他开始思考这样一个问题： 生物的生活方式多种多样，都和它们的居住环境有多么密切的关系！

6. 深入阿根廷

"贝格尔号" 舰到布兰卡港， 达尔文上岸向阿根廷的布宜诺斯艾利斯进发， 计算路程约 650 公里， 沿途尽是荒无人烟的地方。 达尔文在高乔人的护送下走过这片荒原。

接近布宜诺斯艾利斯时， 陆续出现一些小镇， 风景优美， 到处是花园。

当地人对这几个旅客十分怀疑。 达尔文出示了护照， 态度蛮横的稽查长看上面写着"自然哲学家查理·达尔文"， 忽然变得彬彬有礼起来， 他认为"自然哲学家" 是很大的官衔呢。

9 月 20 日， 达尔文到了布宜诺斯艾利斯。 在这里停留一星期， 然后到约 500 公里远的圣菲。

这次旅行， 收获巨大。 在朋塔阿尔塔地区的淡红色淤泥中， 挖掘出大批动物化石。 在 23 种贝壳类动物化石中， 有 13 种是现代物种， 4 种和现存物种非常接近， 其他的都绝种了。 还有大树懒类动物， 身体巨大而笨重， 大爪坚强有力， 它们能将小树连根拔起， 吃树上的叶子。 达尔文和一位解剖学家后来鉴定， 这些树懒动物的生活年代距今已 3000 万年。

圣菲在巴拉那河畔。 高乔人告诉达尔文， 他们在巴拉那河附近好几次见到许多巨兽骨化石。 达尔文就开始到处寻找， 大有收获。 他找到几种已经绝种的动物的骨化石， 和现代的动物绝不相似。 还找到大批形状近似现代动物的骨化石。

达尔文还找到一匹美洲马的牙齿， 说明这里也有过野马。 他知道， 现在美洲的马是西班牙人带来的。"为什么古代的美洲马会绝种呢？" 他问自己。

类似的问题不断地碰到， 促使他不断地思考。

当时每一个相信上帝的科学家， 都会毫不犹豫地说， 这些动物的绝种是《圣经》 上描述的那次大洪水造成的。 达尔文在不久前还相信《圣经》 上的每一句话。 现在他已不满足于宗教的解释， 而开始寻找这些动物灭绝的真正原因。

当地居民告诉达尔文， 这地方周期性地发生旱涝灾害。旱灾期间， 有大批动物死亡。 旱灾过后， 往往跟着雨季，又造成水灾， 于是就有大批动物尸体被埋在冲积土中。

达尔文想， 大批动物死亡的原因， 无疑就是旱涝灾害和其他自然因素作用的结果。 他越来越不相信《圣经》 上全世界洪水泛滥的神话了。

达尔文有时改乘独木舟， 在巴拉那河的支流上行驶。 河道很窄， 夹岸都是十几米高的树木， 还有攀缘植物缠绕，仿佛两道围墙， 遮得河道非常昏暗。

在巴拉那河口， 有许多岛屿， 生长着各种植物， 缠绕在一起， 构成茂密的丛林， 是美洲虎和美洲豹的藏身之地。一天傍晚， 达尔文一行匍匐着穿过一片丛林， 走了不到100米， 就发现前面有虎， 不得不返回原地。

达尔文打算再返回布宜诺斯艾利斯， 但传来消息说， 那里发生了战争， 于是改道而行。 两星期后， 到了蒙得维的亚港。"贝格尔号" 舰已在那里。 他又到内地进行了一次短期旅行， 看到了许多有趣的植物。

在一个牧场里， 牧羊人向他讲了牧羊犬的故事。 这种狗在羊群中长大， 小狗由羊喂奶， 狗窝用羊毛铺成。 狗与羊的友谊很深， 小狗只和羊在一起玩， 不和别的小狗在一起。

在内阁罗河区的一个牧场里， 当地人听说地球是圆的， 有些国家把牲口圈起来喂养， 捕捉动物不用套索， 也不用投石索， 都觉得非常奇怪。

在阿根廷， 达尔文最讨厌城里的官员。 他说， 几乎每一个官员都贪赃枉法。 谈到钱财， 那些官员中间就没有正义可讲了。 警察和法院可以随便判无辜穷人的罪， 而对于杀人凶手， 只要他能出一笔钱， 就可以为他辩护， 判他无罪。达尔文觉得， 高乔人虽然勇悍好斗， 但比城里的人可爱多了。

南美大陆的土著居民是印第安人， 达尔文对他们非常有好感。 他以赞赏的笔调记下了印第安人俊美的外貌和无拘无束的神情。

青年女子中许多都很美丽。 她们脸色红润， 明眸皓齿，头发黑亮， 长辫垂垂， 手脚纤小， 姿态优雅。 青年男子红铜色皮肤， 体格匀称强健， 显得很英俊。

印第安人身上都披着鲜艳的织物， 挂着五颜六色的珠串。 他们非常珍视银器, 男人们把使用银质的踢马刺、 笼头或刀柄看作荣耀。

印第安人和高乔人都喜欢无拘无束的生活方式, 不愿接受欧洲生活方式。 他们不断掀起反抗欧洲殖民者的斗争。

达尔文在那里考察期间, 西班牙军队正在镇压印第安人的反抗。 他们任意屠杀, 连妇女儿童也不放过; 还在印第安人之间挑拨离间, 唆使他们自相残杀。 繁荣的印第安村落化为焦土, 成群的印第安人流离失所, 四处逃生。

反抗的印第安人经常骑马骚扰农场主, 使他们寝食难安。 连首都布宜诺斯艾利斯也到处设岗布哨。

达尔文曾赞叹地描述了一个印第安人的勇敢行为。 有一次, 西班牙军队袭击一个部落。 有一个印第安人抓住自己的小儿子, 跃上一匹没有鞍和缰绳的马, 飞驰而去。 他一手钩住马脖子, 一只脚钩住马背, 身体挂在一边, 拍着马脖子, 对马说着话。 西班牙军队全力追赶, 军队的队长换了三次马, 结果也没追上。

达尔文对印第安人的悲惨遭遇表示同情, 同时也强烈地同情他们争取自由的斗争。

7. 巴塔哥尼亚高原

1832 年年底,"贝格尔号" 舰到达巴塔哥尼亚边缘。

航程中又遇到不少有趣的现象。 有一天， 天气晴朗， 突然在海岸方向上空黑压压的一片"云" 移了过来。 原来是成群结队的蝴蝶， 到"贝格尔号" 舰上空， 就像下雪一样纷纷落在甲板和船具上。 达尔文第一次看到了以前听说过的"蝴蝶雪"。

海生动物在夜里发光的美妙景象， 更令达尔文惊叹不已。 整个海面是一片青白色的光辉， 船头前涌起波浪， 船后拖着一道乳白色的痕迹。 一眼望去， 四周波浪的尖峰闪闪发亮。 地平线外的天空， 由于这些光辉的反照， 也没有头顶上的天空那么黑暗。

巴塔哥尼亚高原北起科罗拉多河， 南至麦哲伦海峡， 西边是安第斯山脉， 面积广大。 在到布兰卡之前， 达尔文已经登上了高原北部， 在那里他看到许多鸵鸟。 当地的高乔人告诉他， 鸵鸟都由雄的孵蛋， 几只雌鸵鸟总是把蛋下在一个窝里。

达尔文仔细观察后得知， 雌鸵鸟至少隔三天下一个蛋。在炎热的天气里， 等它下够一窝蛋时， 最初下的蛋就坏掉了， 所以雌鸵鸟总是在不同的窝里下蛋， 每个窝里的蛋都是在同一短时间下出来的。 由于不都是自己的蛋， 雌鸵鸟都不愿孵化。 这样， 孵蛋的任务就由大公无私的雄鸵鸟承担了。

当地的小造屋鸟特别能打洞， 它们总是在土丘上钻很深的洞， 在里面做巢。 它们钻洞很盲目， 当地居民的黏土院墙上，被它们打了许多圆孔，土墙很快被打穿，不能做巢。达尔文感到奇怪："这些鸟怎么毫无厚度概念？"

巴塔哥尼亚高原绝大部分是荒漠地区，气候干燥，土地贫瘠，难得见到一棵树和一头野兽，稀疏的荒草和低矮的灌木，给高原带来了一些生机。地上到处是圆砾石，夹杂在像石灰似的白色泥土里。

从海岸向西的地势犹如阶梯，可以清楚地看出陆地上逐次上升和海水逐次后退的痕迹。可以推断，在这个过程中，有时海水卷上陆地，深入内陆，有时又退走，逐渐留下了一片巨大的沉积层，里面含有许多现已绝种的软体动物和其他海生动物。

达尔文在高原上发现了因火山爆发形成的玄武岩。他断定，这里以前是海底，曾发生火山喷发，熔岩泛滥。后来海水退了，陆地上升，沉积岩中仍然保留着海的痕迹。开始是海水，后来是河水和雨水冲刷火山熔岩，把它击碎、磨细，带离原地。

沿海岸几百公里的地区内，有一大片岩层，混合着无数现已绝种的软体动物。它的上面是一层浮岩，其中约 1/10 是由一种极微小的纤毛虫外壳所组成。更高一点的地方，是一层将近 20 米厚的地层，一直延伸到安第斯山脉脚下。

这岩层是怎样形成的呢？达尔文一边搜集着标本，一边想象着这里的地质层形成情况：安第斯山脉形成初期，比现在庞大得多。千万年过去了，风、雨、温度变化和地震等自然现象的长期作用，使山上形成裂缝峡谷，硕大的石头分离开来，碎石落在古代的海河河岸上，砸成更小的碎块，水把它们带走，互相撞击，逐渐磨圆，离跌下处越来越远，一路上又磨成卵石沙砾，渐渐形成了现在这样庞大的一片岩层。至于那压在砾石层下面的、夹杂着现已绝种的软体动物和纤毛虫的底层，形成年代更要早得多。

巴塔哥尼亚高原的地质明显是长期渐变的结果，证明赖尔的理论是对的。达尔文越来越不相信"灾变论"。

在一处平原上，达尔文在红黏土里找到一种和骆驼相似的四足动物的半副骨骼，他研究后发现，它的结构和巴塔哥尼亚现代的羊驼很相似。

已绝种的动物和现代动物形体上的相似性，达尔文已经好几次注意到。他反复思考，越来越相信，这种相似性一定可以说明许多动物在世界上的真正起源。于是"那个秘密中的秘密——新的生物在世界上初次出现"的问题，开始萦绕于他的脑际。

8. 苦寒的火地岛

1832 年 12 月 17 日，"贝格尔号"舰到达火地岛。在舰上望去，附近山上，升起一缕缕蓝色的烟。到晚上，白天的缕缕蓝烟变成了处处火光。 岛上人就是用这种烽火来互相通知： 有外国人来了。"火地岛" 的名称就来源于这种燃烽火的习俗。

火地岛位于南美大陆最南端， 隔麦哲伦海峡与大陆相望。 这里的地形和环境， 与达尔文以前所到之处迥然不同。海岸都是悬崖绝壁， 山势好像是从水边直耸而上。 岛上群山起伏， 积雪斑驳， 峡谷纵横。 山涧瀑布， 随处可见。

在海拔 300 至 500 米以下， 都是树林， 有许多树干相当弯曲。 再往上是细小的高山植物。 山顶地带常年积雪， 树木品种很单调， 只有山毛榉属和木兰科植物。

岛上经常刮风下雨， 下冰雹和霰雪， 连空气也好像比别处阴暗。 太阳光也难得使周围景象显出生机， 整个景色都染上了一种略带黄色的特别色泽。

峡谷的森林中满是腐烂的树木， 死与活相互交织。 从满地形状不规则的岩块和一堆堆被推倒的树木， 可以明显地感觉到强烈地震的痕迹。 上面是狂风怒号， 而深谷却死一般寂静， 即使最高的树木的枝条也一动不动。

火地岛上的动物很贫乏， 在比较干燥的东部有蝙蝠、 羊驼、 鹿等动物。 在阴暗的森林里， 鸟类不多， 爬行动物完全没有， 昆虫也很少。

达尔文得出结论： 火地岛的植物单调， 是因为严酷的气候； 树干的弯曲， 是因为狂风的力量； 深谷中没有蘑菇、青苔和蕨类， 是因为寒冷和潮湿； 动物的贫乏， 毫无疑问与植物的缺少有关。

火地岛严酷的气候和环境不适于人类生存。 当地居民是16世纪被欧洲殖民者从南美大陆驱逐出来的印第安人。 所以有些部落对海员抱着敌意， 在岛上考察随时可能遇到他们， 发生冲突。

火地岛人的外貌很奇特。 脸上都涂有白色、 红色和黑色的花纹， 或者满脸都是白色。 浑身赤裸， 只有肩上披着一张兽皮。 风吹雨打， 毫不在乎。 有的部落把兽皮挂在肩上， 风从哪面来， 就把兽皮移向哪面。

他们的住所是像干草堆一样的棚屋， 只用几根树枝插入地下， 外面盖些芦苇和干草。 有的上面盖一层海豹皮， 御寒功能很差。 居民经常住外面过夜， 就睡在潮湿的地上，盖些兽皮， 勉强遮蔽一下雪雨。

火地岛人的部落是以数十人组成的一个个亲属单位， 不断迁徙寻觅食物。 每到一处停留， 就燃起篝火取暖。

许多部落靠捡软体动物为生， 必须经常变化居住地点。在退潮时间， 他们到岩石上捡食物； 过一段时间， 又回到老地方。 这些地方总是堆着大量吃掉了肉的贝壳， 往往有好几吨重。

海豚和鲜鱼的肉， 以及浆果和蘑菇， 是火地岛人的美味佳肴。 蘑菇长在山毛榉属的树上， 略带甜味， 含有黏液，妇女小孩采下来就生吃下去。

火地岛人时常乘独木舟出海捕捉海豚和鲸鱼，妇女们钻入海水中捕捞软体动物，或者坐在独木舟上，用一种毛发做的没有鱼钩的渔具钓鱼。

由于经常有狂风暴雨，不能出海，在岩石上捡取软体动物的人也常被大风刮走。火地岛人经常挨饿，饿急时常会把老年妇女杀了吃掉，认为她们已无用处。不同的部落交战，也常发生吃人的事。

英国的布道会交给"贝格尔号"舰许多旧被、搅乳器、盛汤的大碗、红木的化装用具等，让转交给火地岛人。达尔文觉得真是荒唐可笑，这些东西对火地岛人的生活完全没用处。火地岛周围的海洋生物特别丰富。生长旺盛的海藻紧紧地伏在海边礁石和峭壁上，形成一种有弹性的垫子。船只即使触礁，也可避免撞碎的危险。茂密的海藻，就像天然的防波堤，巨大的海浪冲击过来，翻滚起一层层海藻，海水的力量就渐渐减弱而平静下来。

海藻丛里有许多水螅密集的结构物和各种海生物。如果捞上来一丛海藻抖动，就会有一些东西落下来：小鱼、各种软体动物、乌贼、各种各样的螃蟹、海星和其他动物。

各种鱼类在海藻中都能找到食物和栖息之处，而鱼儿却是栖息在这里的鸳鸯、水獭、海豹和海豚的食品。

如果这水下森林由于某种原因而消灭，那么无数的各种动物也将随着同归于尽。

达尔文对这种茂盛的海藻很感兴趣， 但他更感兴趣的是海藻和栖息在其中的动物之间的关系。 火地岛周围的景象有力地证明了生物相互之间的依赖性和生物对无生物界的依赖性。

火地岛周围海面狂风暴雨频繁发生，"贝格尔号" 舰常遭袭击。 有一次， 险些被巨浪掀翻。 菲茨罗伊舰长命令将舰上的全部储备食品和轻火器装入小船， 顺河道深入岛内。1833 年 1 月 29 日， 小船停靠在一条河岸边， 突然"轰" 的一声巨响， 对岸的冰川大裂块崩落河中， 激起极大的浪头，向两只小船扑来。 眼看小船就要被撞成碎片， 达尔文第一个敏捷地跳起来， 奋不顾身地上前抢救， 其他人也随即跟上来， 在千钧一发中保住了小船。 为了表彰达尔文的勇敢行为， 菲茨罗伊把第二天遇到的一段海峡， 称作"达尔文海峡"。

9. 在南美西海岸

"贝格尔号" 舰穿越麦哲伦海峡， 绕过合恩角， 几乎绕火地岛一周。 1833 年 3 月， 到马尔维纳斯群岛勘察。 随后来到南美西海岸， 直到第二年 5 月才离开。

1834 年 5 月底，"贝格尔号" 舰第二次进入麦哲伦海峡，驶进太平洋。 7月13日， 到达智利的主要港口瓦尔帕莱索。

　　"瓦尔帕莱索" 的意思是 "天堂里的山谷"。 这里天气晴朗， 天空蔚蓝。 近处青山阳光照耀， 有轻雾弥漫； 远处安第斯山脉轮廓隐隐， 连绵起伏。

　　达尔文以这里为据点， 考察了智利的自然界。 他时常到郊外爬山， 观赏太阳落山的奇景。 此时山谷已经黑暗， 而积雪的安第斯山脉顶上， 晚霞映照， 一片绯红。

　　一年中有9个月， 这里完全没有雨。 落雨季节天气炎热， 雨水很快被蒸发掉， 所以只有谷地里有些大树， 平原上都是灌木丛和青草。 山坡上满是碎石子， 长着各种各样的仙人球和仙人掌。 有的突出于石块中间， 可高达3米至5米； 有的像蛇一样沿着地面蜿蜒伸展。 南面山坡土层较厚， 有森林覆盖。

　　沿海山麓下， 有许多贝壳、 腐烂海藻和青苔， 说明海岸是从海的深处升上来的。

　　达尔文爬上海拔约2000米的康帕纳山。 在灌木丛里， 他看见一种燕科的鸟， 样子很滑稽。 它总是笔直地翘起尾巴， 急速地挪动着长腿， 一纵一跳地从一个土丘跑到另一个土丘。 达尔文取笑说："这只做得很丑陋的标本， 不知从什么博物馆复活， 溜了出来。"

　　还有另一种很别致的燕科鸟类， 总是把尾巴弯在背上， 急速地从一棵灌木跳到另一棵灌木， 不断发出各种不同的声音。 有时像鸽子的咕咕声, 有时像流水的潺潺声。 达尔文很仔细地倾听它那奇妙的鸣声。

这种燕科鸟类, 和英国的同科鸟类差别很大。"物种真是何等的多啊! 同一个科, 在不同的纬度, 样子是多么的不同。" 达尔文想道。

他也了解了当地的社会生活, 对矿工的悲惨命运特别同情。

矿工的收入非常可怜, 每月一英镑, 伙食由矿主供给。他们常常吃不饱, 几乎尝不到肉味。 他们终年待在黑暗、窒息的地下, 每隔三个星期回家一次, 期限两天。

达尔文看到一个矿井, 有 150 米深。 每个矿工每次背约90 公斤重的矿石, 沿着梯子爬到井外, 每天要背 12 次, 还得干敲碎和挑拣矿石的活。

达尔文说, 一个健壮的男子, 即使不背任何东西, 单单爬上这梯子, 也会累得满头大汗的。 这就怪不得矿工的脸色苍白得惊人, 神情疲惫得惊人。

他们都是自愿的, 不干没有别的活路。

1834 年 11 月 10 日,"贝格尔号" 舰回头到乔诺斯群岛的奇洛埃岛勘测。 岛上尽是山峦峡谷, 岩石众多, 森林茂盛, 四季常青。 一年中好几个月经常有狂风暴雨, 极难得有晴朗天气。

岛上几乎完全不能通行, 岸边尽是碎石和激浪。 上山要爬过许多尖利的云母页岩， 密集的丛林也很难行走。

　　岛上居民之间来往都是乘独木舟或沿海滩行走。 有的地方也铺有道路。 铺路的方法是， 先用粗壮木头直铺， 再在上面横放细木头。 下雨时， 四面泥土都成了沼泽， 这种木头路就像木桥。 马在一根圆木上奔跑， 像狗一样敏捷而平稳。 达尔文很快就注意到该岛的马在这种特殊条件下的特点。

　　他在岛上做了多次短途考察。 有一次， 在海拔约 100 米高处， 他发现了很有趣的厚岩层， 含有许多现代的软体动物的贝壳， 上面长着许多大树。 显然， 在不久以前， 这地带是海底。

　　"贝格尔号" 舰勘测了奇洛埃岛后， 又回到大陆。

　　1835 年 3 月， 达尔文登上安第斯山考察。 在 3700 米的高处， 发现了无数贝壳化石。 他喜出望外， 这些高山的贝壳层， 就是海底上升的证明。 他根据这些贝壳化石断定， 安第斯山脉是所有山脉中最年轻的。

　　那么， 这些巨大的山峰又是怎么升起来的呢？ 他推断安第斯山脉是被一次长时间的地震从海底隆升出来的。

　　达尔文还发现， 几乎都处在相同的经度上， 气候和土壤条件也差不多， 安第斯山两侧的植物， 却有明显的不同， 这是什么原因呢？ 他现在已经完全不相信山脉两侧的植物是被上帝分别创造出来的。

当达尔文回到舰上的时候， 菲茨罗伊舰长正在宴请当地人士。 突然发生了强烈的地震， 人们惊慌失措地逃走。 达尔文冒险进入严重震区。 他惊奇地发现， 那里的地面升高了， 原来的潮水线找不到了， 沙洲明显地露出了海面。 地震改变了原来的地形面貌， 再一次证明赖尔的理论是正确的。

1835 年 7 月，"贝格尔号" 舰到达秘鲁的利马。 达尔文在写给福克斯的信中说："赖尔在他那本可钦佩的著作中发表了他的观点。 现在我已变成了这些观点的信徒。 南美的地质调查诱使我把这些观点的某些部分引申到更大的范围， 甚至超过他所做的。"

达尔文要"引申" 和"超过的"， 就是要把赖尔的渐变理论从地质学引申到生物学中去， 试图突破赖尔的物种不变观点， 思考物种是否可变的问题。

10. 在加拉帕戈斯群岛

1835 年 9 月 15 日， "贝格尔号" 舰到达加拉帕戈斯群岛。

加拉帕戈斯位于太平洋海域， 离南美大陆西海岸 800 至 960 公里， 由 7 个大岛、 23 个小岛和众多岩礁组成。 赤道横贯群岛的北部， 但因受秘鲁寒流的影响， 气候并不炎热。

岛上干旱少雨，　土地贫瘠荒凉，　没有大树，　灌木都长得低矮贫弱。

群岛全部由火山熔岩所生成，　上面布满了火山。　有 2000 多个火山口，　有的还正喷着浓烟。

"加拉帕戈斯"　是西班牙语，　意思是"龟岛"。　据说 16 世纪西班牙人来到这里，　看到岛上有许多巨大的龟，　就称这里为龟岛，　后来人们就跟着这样叫了。　18 世纪末，　经常有捕鲸船到这里捕捉海龟，　其中一次就运走了 700 只大龟。

达尔文来到岛上，　果然见到许多大龟，　重 150 公斤以上。　有一些特别大的，　要七八个人才能抬起来。

岛上湿地很少，　大龟主要居住在干燥的低地上，　靠吃仙人掌维持生命。　潮湿地方的龟才有树叶可吃。

岛上干燥缺水，　它们能够爬行十几公里找到水源。　水源四周，　都有龟爬出来的宽阔道路。　达尔文见到成群结队的龟有规则地沿着这些道路爬行，　非常吃惊，　想不到龟的队伍也这样纪律严明。

在水源旁边，　达尔文看到一幅有趣的图景：　一队要喝水的龟正伸长脖子匆匆向前赶，　另一队已经喝饱了水，　离开水源慢悠悠地往回走。　大龟一到水边就把头伸进水里，　贪婪地喝个够。　它们把肚子喝得鼓鼓的，　每喝一次水，　能坚持很长时间。　岛上居民遇到缺水时，　就杀大龟取水用。　龟肉是鲜美可口的食品。

达尔文看着这些大龟慢慢地、懒洋洋地爬行，咬着仙人掌的茎，缓缓地咀嚼，一遇危险就发出很响的吱吱声，把头和脚缩进壳里，觉得有趣极了。达尔文时常跳到龟背上，乘着它走一段路。

他开始以为这片群岛上都是一样的，把采集的标本混在一起。后来发现同一岛上的龟，生活习性有差异；不同岛上的龟，不仅习性有差异，而且形体特征也有不同之处。

他把这些发现告诉当地一位副总督劳森先生。劳森说，不同岛上的龟不但习性和形状不同，而且龟肉味道也不一样。

真是出人意料！岛与岛之间距离很近，相望可见，各岛的地质状况和气候条件也相同，而同一物种在各岛上竟彼此不同。这引起了达尔文的高度重视，在接下来的考察中，他特别留心各岛之间动植物的差异。

加拉帕戈斯群岛还以巨蜥闻名。达尔文在海边岩石上看见许多巨大的海栖蜥蜴在晒太阳，大都有 1 至 1.2 米长，体重 10 公斤左右，脚爪上有蹼，尾巴很扁。它们依靠脚爪强劲的抓钩力，在高低不平的岩石上非常灵活地爬行。它们游泳也很出色，摆动全身和尾巴，速度非常快；也会四脚张开，在水中一动不动。

岛上还有许多陆栖蜥蜴，体重五六公斤，脚上无蹼，尾巴很粗。它们靠吃树叶为生，爬树能力很强。雄蜥蜴的颜色在有的岛上是灰暗的，在有些岛上十分鲜艳。

在这里遇到这么多、这么大的爬行动物使达尔文想到地球史上有一个时期，陆地和海洋里到处有巨大的爬行动物栖居。

达尔文在群岛上发现很多特有的动、植物种，它们和美洲的物种很相似而又不同，而最使他感到惊异的是，各个岛的生物竟那么不同。

他收集到 26 种鸟类，其中 25 种是别处没有的，不同的种又分布在不同的岛上。

由于群岛上人烟稀少，鸟类都不怕人，达尔文采集鸟类标本相当容易。随便用什么东西都可以把鸟捉住或打死，根本用不着枪。有一次，他躺在地上，身边放着一龟壳水。这时飞来一只反舌鸫，在龟壳边上一蹲，安详地喝起水来。达尔文把龟壳从地上端起来，它也不飞走。

在以前的考察中，也遇到过类似的情况。现在他终于确信，鸟类对人类所表现出的野性，是许多代以来为防卫侵犯而养成的。

达尔文还在群岛上捕得 15 种当地特有的鱼类，还搜集了很多当地特有的软体动物。

他对群岛的植物也很感兴趣，进行认真的搜集。在搜集到的 185 种显花植物中，有 100 种是当地特有的，但和巴塔哥尼亚高原的植物相像。

达尔文问自己： 加拉帕戈斯群岛的自然条件很像佛得角群岛， 而两群岛上的动、 植物为什么差别那么大？ 佛得角群岛的动、 植物都有非常奇怪的痕迹。 为什么岛上的物种与大陆不同而又近似呢？

至于各个岛上又有各自的鸟类、 爬行动物和植物， 这又怎么解释呢？ 难道是上帝为各个岛分别创造出各个物种吗？可为什么岛与岛之间的物种各有特殊而又近似呢？

还有， 加拉帕戈斯群岛是海底上升， 火山爆发形成的，它的年龄还不到 1 万年， 这些地方是怎样开始有动物和植物的呢？

虔诚地相信《圣经》 的人会很爽快地回答这些问题： 是上帝创造并保存了加拉帕戈斯群岛的物种。 达尔文已经完全不相信这样的回答了。

他假设： 动物和植物通过不同的路径和方法来到加拉帕戈斯。 在各个岛上， 它们大概是独立地发展起来的， 这就产生了同种之间的不同变异。 这种思想无疑是对上帝创造世界的宗教观念的反叛。

在考察过程中， 接二连三的新发现和新思考使达尔文激动不已， 但他的一些离经叛道的想法， 与他自己根深蒂固的宗教感情和社会上强大的宗教观念的冲突， 又使他越来越感到惶惑不安。

11. 穿越两大洋

　　"贝格尔号" 舰离开加拉帕戈斯群岛， 向大洋洲行驶。10 月 20 日， 到达太平洋中的塔希提岛。

　　岛上森林茂密， 风景优美， 有丰富的多汁植物， 有的果实和根都很甜美可口。 香蕉树、 橙子树、 椰子树、 面包树， 到处都是。 面包树干大叶阔， 能完全挡着阳光， 还能挡住雨水， 树下是乘凉和避雨的好地方。

　　塔希提人居住的小屋， 都用巨大的香蕉叶做屋顶。 他们还用香蕉叶子做铺餐桌的布。

　　塔希提人面目和善， 热情好客， 而且都是出色的厨师。他们做饭的方法很别致， 做出的饭菜鲜美可口。

　　达尔文和船员们都被岛上的美景和美餐迷住了， 可惜不能久留， 依依不舍地离开， 向新西兰岛航行。

　　新西兰人的见面礼节很滑稽， 见到客人就盘膝坐下， 把脸抬起。 客人挨次走到各人面前， 把鼻子贴在他们的鼻子上， 鼻梁互成直角。 同时， 主客都发出哼哼声。

　　他们的脸上和身上都刺着各种花纹， 把皮肤都损坏了，看起来面目凶狠， 很不讨人喜欢。 但当达尔文看到他们耕种的田野和长着各种果树的花园时， 看法马上变了。 在与当地居民的接触中， 发现他们都是心地善良的庄稼人。 他看到居民的屋子像牛栏，生活很不好，心里非常同情。

"贝格尔号"舰只在新西兰停留一星期就离开了。1836年初，到达澳大利亚，进行三个月的海岸勘察。

达尔文照常进行陆地考察。最先使他惊叹的是荒漠之中一个个美丽的城市，这是欧洲殖民者到来后的"成就"。同时他也看到了殖民者的罪恶，当地的土著居民被殖民者驱逐、屠杀、奴役，数量在锐减。

达尔文对澳大利亚的有袋目和单孔目哺乳动物发生了特别的兴趣。这里有袋狼、袋鼠、袋貂等许多有袋动物，还有近似爬行动物的鸭嘴兽和针鼹等单孔目动物。这种动物延续后代是先产卵，从卵中育出胎儿，再哺乳养大。这些动物中，同一物种的生活习性和形状也不尽相同。它们有的生活在草原上，有的生活在林地里，有的吃草，有的吃肉。

有袋目和单孔目都属于低等哺乳动物，在世界其他地方早已绝种，为什么能在澳大利亚保存下来呢？达尔文苦苦思索，一时找不到答案。

许多年后他才明白，原来澳大利亚和别的几个大陆分隔年代久远，那时地球上还没有高等哺乳动物，低等哺乳动物——有袋动物和卵胎生动物在澳大利亚的进化，与其他大陆上哺乳动物的进化各不相关。它们成了这里最高级的动物，并且形成了不同的模式。

"贝格尔号"舰离开澳大利亚，向印度洋中的基林群岛驶去。 经过一个岛时， 达尔文看到一条长长的白色闪光的海岸， 刚好露出海面。 上面有一条绿色植物带相映衬， 光彩夺目， 在海浪的冲击下闪烁变化， 真像镶嵌在碧海中的翡翠明珠。 那是美丽的珊瑚礁岛。 达尔文还是首次见到。

1836 年 4 月 1 日，"贝格尔号" 舰到达基林岛。

基林岛全部是由珊瑚筑成的环形礁岛。 这种岛形状是一周珊瑚礁环绕着一湖海水， 所以称为环礁或礁湖岛。 达尔文乘小船通过缺口， 进入礁湖， 湖底尽是洁净的白沙， 四周茂盛的植物倒映水中， 阳光照耀水面， 白沙熠熠生辉， 呈现出最鲜明的碧绿色。 礁岛的外面海浪滚滚， 水花飞溅， 好像镶着一道巨大的花边。

岛上根本没有哺乳动物， 也没有陆栖鸟类， 只有两种涉水鸟。

人们通常认为， 环礁岛坐落在火山口上， 是火山爆发形成的。 赖尔也是这样认为的。 达尔文一到岛上， 很快发现这与事实不符。 经过亲自调查与思考， 他掌握了充分的证据， 足以解释珊瑚礁的形成原因。

密集生长在浅海中的一种珊瑚虫， 它的石灰质分泌物和遗骸凝结在一起， 越结越大， 形成珊瑚礁， 如同一座大山， 慢慢沉陷下去。 露出海面的珊瑚礁， 与海底的升降有关， 有的因海底上升， 被托出海面， 成了珊瑚岛屿； 而更多是因为海底的缓降， 随着珊瑚礁的慢慢沉陷， 珊瑚虫也在不断地繁殖生长， 珊瑚生长的速度超过下沉速度。 于是， 珊瑚礁露出海面， 形成岛屿。

采自海洋的珊瑚千姿百态， 绚丽多彩， 是人们珍爱的艺术品。 谁能想到小小的珊瑚虫能创造出珊瑚岛的奇迹呢？ 达尔文激动地写道：

当旅行家告诉我们金字塔和别的伟大古迹的庞大体积时， 我们感到不可思议， 但同这些由小小柔软的动物堆积起来的珊瑚礁比起来， 那些古迹的伟大显得多么微不足道啊！

"贝格尔号" 舰离开基林岛， 驶向印度洋西部的毛里求斯岛。 在那里停留了 10 天后， 沿非洲东海岸， 绕过好望角， 又进入了大西洋。

12. 最后的旅程

1836 年 7 月 9 日，"贝格尔号" 舰到达大西洋的圣海勒拿岛。

圣海勒拿岛是一座由海底火山喷发物质堆积而成的岛， 孤单单耸立在海面上， 远望像一座巨大的黑色城堡。 岛上群山起伏， 崎岖险峻。 1815 年至 1821 年， 法国的拿破仑一世就被流放并死在这里。

达尔文刚登上岛， 就发现这里完全没有树木， 看到的植物都是他在英国熟悉的。 后来在最高和最陡的山上， 才发现本岛原有的植物。 根据书上记载， 这里原来是树木成林的。
他又在岛上发现 14 种罕见的软体动物和昆虫。 这些植物和动
物都到哪里去了呢?

他很快找到了原因。 原来在 16 世纪初， 羊和猪被带到
这个岛上， 很快大量繁殖开来， 把岛上的幼树都吃光了，
而老的树木又逐渐自然死亡。 岛上的其他植物也难逃劫难。
只有猪、 羊到不了的高山和陡峭地方， 本地的植物才幸存下
来。 随着树林的消失， 动物种类也起了变化， 许多软体动
物和昆虫也都绝种了。

类似圣海勒拿岛的这种情况， 达尔文已经多次观察到，
并一直在思考着。 现在他更清楚了： 自然界中的一切， 都
是互相联系着的。 不但生物之间有着复杂而深刻的联系， 而
且生物与外界环境之间， 也有着复杂而深刻的联系。 无论哪
个环节发生了变化， 都会引起一系列的反应和变化。

7 月 19 日，"贝格尔号" 舰到达阿森松岛。 与圣海勒拿
岛一样， 阿森松岛也是一座火山岛。 达尔文在岛上许多地方
找到了火山弹， 这是火山喷发时， 被抛入空中的岩浆快速凝
结而形成的球状或梨状岩石。

在阿森松岛， 达尔文收到了姐姐的信， 信中告诉达尔文
三件喜事： 一是塞治威客教授拜访了达尔文医生， 说他的儿
子会在第一流的科学家中占有一席之地； 二是亨斯罗教授在
哲学会上宣读了达尔文写给他的信， 并且印成小册子分发给

学会的会员； 三是达尔文寄给亨斯罗的骨化石， 已引起了古生物学家们的高度重视。 达尔文看完信， 按捺不住激动的心情， 登上阿森松岛的山巅， 用手中的地质锤猛烈地敲击着脚下的火山岩石， 让清脆的响声在岛上回荡。 他早已不满足于仅仅做一位科学事实的搜集者。 信中的消息更激励他要攀登科学高峰的勇气和信心。

离开阿森松岛，"贝格尔号" 舰再驶向巴西海岸， 又做了一些测量， 核对以前的数据， 然后经佛得角群岛、 亚速尔群岛……回到英格兰海岸。

达尔文在法尔默思离开"贝格尔号" 舰。 1836 年 10 月 4 日， 回到了施鲁兹伯里。

在 5 年的航行中， 达尔文渡过了大西洋、 太平洋、 印度洋， 又回到大西洋， 整整绕地球一周， 考察了南美洲大陆和众多岛屿， 收集了大量的岩石、 化石和动植物标本， 记下了大量的考察日记， 弄清了某些地方的地质构造， 发现了某些岛屿上动物和植物的奇妙关系， 以及它们与南美大陆生物之间的关系。

然而，上述各种专门研究，比起当时我养成的一种习惯——对于我所从事的工作勤恳奋发和专心一致——就毫不重要了。我所想的和谈的都是同我所见到的或可能见到的每一事物有着直接关系。这种思想习惯在 5 年的航海中一直延续下来。我确信，就是这种锻炼才使我在科学上有所成就。

在当时， 自然科学还建立在上帝创造万物和物种不变的宗教思想之上。 达尔文在考察中的发现启发他进一步思考地球上生物的起源和演变问题， 对当代自然科学的思想基础提出了根本性的怀疑， 从而使他从一个宗教信徒变成一个宗教思想的叛逆者。 5 年的航海考察， 打下了他成为一个深刻思想家的基础。

对于自己的思想变化， 达尔文是很清楚的， 他写道：

通过我在航海中的工作，我的思想有所发展，这大概可以用我父亲的一句话来描述……当我在航海后第一次见到他时，他转向我的姐妹们说道："哎呀！他的头部形状完全改变了。"

四

几年的航海的艰辛，换来迅速的成功。
一位地质学权威对另一位权威说："达尔文
参加任何地质学团体，都会给它增添光荣。"

1. 心系标本

达尔文回到施鲁兹伯里，与家人团聚，度过了愉快的几天后，他来到了梅庄，受到了乔塞亚舅舅全家的热烈欢迎。他讲不完的航海故事和有趣发现吸引了舅舅全家人，特别是大表姐萨拉、小表姐埃玛，听得更是津津有味。埃玛渐渐地变得心不在焉了，因为达尔文丝毫没有表现出求婚的意思，甚至没有向她表示特别的亲切。莫非达尔文变心了？自己这5年算是白等了？她不禁暗暗伤心起来。

"查理，"乔塞亚舅舅在与达尔文一起打猎时问，"我想你的职业该确定了吧？"

"是的。"达尔文回答，"在'贝格尔号'舰的5年已决定了我的整个事业。我获得的资料，可以供我研究50年。

我已经有了一些新的想法，顺着这些想法研究下去，我相信我的事业一定会成功。”

“太好了！”舅舅说，“那么，你父亲的意见呢？”

“你是知道的，”达尔文说，“我父亲原来打算让我回来后还当牧师。我也曾想回来后听从父亲的意见，可在舰上不知什么时候起，我当牧师的念头早已无影无踪了。我回来后，我父亲压根儿就没再向我提起当牧师的事。我觉得这很自然。”

“我最了解你父亲，他是一个非常通情达理的人，他以后会全力支持你的科学工作，并且会为你而感到骄傲的。”接着，舅舅突然问，“你不准备先成家吗？”

达尔文明白舅舅的意思，略带抱歉地说：“我现在还不能分心去考虑这件事。这些天我一直牵挂着我的那些标本，我必须马上去把它们处理好，然后整理我的考察日记，我还要……”

“我理解你的志向。”舅舅打断了他的话，“你现在的心思全在科学工作上。”

“不过，”舅舅接着说，“一个美满的家庭会有助于你的科学事业的。希望你不要拖得太久。”

达尔文点了点头，没作回答。他有自己的主见，在不能自立之前，决不谈结婚。

离开梅庄之前，达尔文用深情的目光向埃玛传达了复杂的信息。 埃玛领会到， 达尔文还深深地爱着她， 希望她再等一段时间， 于是她不再担心了。

10月下旬， 达尔文到剑桥， 见到了阔别多年的亨斯罗教授， 向亨斯罗征求处理标本的意见。 亨斯罗建议， 如果在伦敦没有人接受标本的话， 就先把标本运到剑桥， 按不同的学科排列一下， 把同学科的标本归集在一起， 等待在各部门工作的人来要标本。

随后， 达尔文来到格林威治， 把标本从"贝格尔号"舰上卸下来。 接下来的事就是在伦敦为这些标本找到归宿。

达尔文拜会了一些著名的动物学家和植物学家， 但出乎他的意料， 他发现这些大人物都很忙， 手头都有很多标本等待研究， 再加上他们还不理解达尔文的搜集品的科学价值，所以没有人愿意接受。 只有两位学者愿意零星地研究一下他采集的几种动物和珊瑚。

在他拜会的大人物中， 有他久已敬仰的地质学家赖尔，赖尔非常赞赏和同情他的工作， 鼓励他要亲自处理好标本，以保证它们能充分发挥科学研究的效用。

达尔文又找到几个标本搜集机构。 他们只愿意接受已经命名的标本， 而达尔文的许多标本是全新的， 还没有命名，他们不感兴趣。

他又找到动物学会博物馆， 发现该馆里的标本已经摆得满满的， 还有1000多个标本没有做， 这里显然是不行的。

他猜想， 大英博物馆是英国最大最有名的博物馆， 大概会接受的。 可他人还没去， 就已了解到馆里相当糟糕的情况， 连他原先对它的那一份尊敬也打消了。

开始几天的不顺利， 使达尔文感到灰心丧气。 他给亨斯罗写信说， 现在最好的办法就是把标本运往剑桥了。

其实达尔文的灰心是多余的。 几天后， 皇家学会会员、英皇学院动物学教授贝尔先生对他的甲壳类和爬行类动物标本发生了极大的兴趣， 表示愿意研究它们， 这使达尔文大受鼓舞。

达尔文拥有大量极有研究价值的采集品， 这一消息很快在伦敦、 牛津和剑桥的科学家中传开了， 开始不断有人找上门来， 愿意承担某一类植物或动物族的全部描述工作。 这些采集品很快都交到了博物学各部门的专家、 学者手中， 达尔文为自己留下了地质学的部分。

1836 年 12 月 13 日， 他在剑桥租了房子住下来， 开始埋头研究他的矿石， 整理他的考察日记。 在著名的矿物学家米勒教授的指导下， 他对采集来的矿石一一进行鉴定， 并一一做出科学的命名。

在剑桥完成了这项工作， 他就到伦敦去了。

2. 崭露头角

1837 年 3 月 7 日，达尔文到达伦敦。一星期后，在大马尔博罗街租房住了下来，开始集中精力整理他的考察日记，并计划写作一本论述珊瑚礁形成的著作和《"贝格尔号"舰航行中的地质学》。为了后一种著作，他向财政部申请到了 1000 英镑的资助，财政部长还亲自约见了他，对他大加鼓励。这使达尔文非常感动，在给亨斯罗的信中说："如果我做不出好成绩来，那肯定是我的过错。"

在考察日记的整理过程中，他还写了几篇地质学论文，在地质学会上宣读。

考察日记整理完毕，他患了严重的心悸症，医生劝他停止一切工作，到乡间去住几个星期。于是他回到施鲁兹伯里和梅庄休假一个月。在梅庄，他第一次观察了蚯蚓的地质作用，写成了有关壤土的形成的论文，回到伦敦后，在地质学会上宣读，学者们很感兴趣。

地质学会主席赖尔从第一次接触达尔文起，就看出达尔文将成为一名出色的地质学家，他很想吸收达尔文早早参加地质学会。1837 年 4 月，他就给塞治威客写信说："达尔文参加任何地质学家的团体，都会给它增添光荣。他努力工作，并且正在成功地写书和参加我们的讨论……"

1838 年初， 由于赖尔和塞治威客两位地质学权威的推荐， 达尔文被选为地质学会的秘书。 当时他的身体非常不好， 医生要他停止全部工作， 甚至放弃改正校样， 好好休息一段时间。 他觉得已没有能力承担这个职务， 但他无法拒绝同行的盛情和前辈的期望， 还是勉强接受了下来， 一干就是三年。

在以后的几年中， 他不断地生病， 休息的次数增多了， 日期也更长了。 但他惦记着自己的工作， 心中非常焦急。他写道:"无所事事的生活比任何事都更不可忍受。"

在他还能工作的时间里， 他把大部分时间用来写作《珊瑚礁》 一书。 这虽是一本小书， 却花去了他 20 个月的辛勤劳动。 除了自己的考察资料外， 他还必须阅读每一部有关太平洋岛屿的著作， 而且还必须参考许多地图。 终于在 1842年 1 月写成寄给出版者， 5 月改完校样。

《珊瑚礁》 是一部重要的地质学著作， 它提出了新的珊瑚礁形成理论， 否定了流行的火山口理论。 它的理论后来被地质学家普遍接受。

除了写作《珊瑚礁》 外， 达尔文还编定了《 "贝格尔号" 舰航行中的动物学》 的鸟类部分， 还为《考察日记》编了附录。 在健康许可的情况下， 他还进行了几次短途的地质旅行， 写了几篇地质学论文。

达尔文的《考察日记》 最初是作为菲茨罗伊主编的《冒

险号和贝格尔两舰航行记》 的第三卷， 于 1839 年出版的，
没有引起多大影响； 到 1845 年出了单行本， 才在读者中引
起轰动。《考察日记》 不仅描写了广泛的自然现象， 而且还
描写了形形色色的人物， 各种各样的事件， 在读者面前展现
了一个新奇而有趣的世界。 它不仅是一部重要的科学资料，
为博物学者所重视， 而且是一部杰出的文学作品， 为广大的
读者所喜爱。

随着一系列的论文和专著的发表， 达尔文已被公认为很
有前途的青年科学家了。 1839 年， 他被选为皇家学会会员。

早在 "贝格尔号" 舰上， 达尔文就否定了上帝创造万物
和物种不变的宗教观念， 开始思考物种的起源和变异问题。
回国后， 在繁重的工作中和疾病的折磨中， 他一直没有放弃
对这个问题的研究， 一种研究真理的欲望在驱使着他为这种
新的思想而不断地搜集事实。

3. 最有力的朋友

在伦敦的几年及以后的岁月中， 达尔文结识了很多科学
家和其他知名人士， 其中有几位对他的科学事业的发展帮助
极大， 成了他一生中最有力的朋友。

在伦敦期间， 他与赖尔的交往最为频繁。 在结识赖尔之
前， 他从赖尔的《地质学原理》 中， 已经看出赖尔的思想

特点是：明朗、谨慎、果断，而且富于创造性。最初几次与赖尔交谈，他就强烈地感受到，果然是文如其人。

他向赖尔讲了《地质学原理》对他的教益和影响，然后讲了自己对珊瑚礁形成的看法。他开始讲这个问题时，态度和语言都比较拘谨，因为他的观点不同于赖尔，而赖尔是地质学权威。赖尔听到达尔文讲述不同于自己的意见，马上表现出极大的兴趣，要求他不要有什么顾虑，把自己的观点和证据详细地讲出来。赖尔的态度使达尔文大受鼓舞，于是就侃侃而谈起来。地质学权威与青年崇拜者之间的界限很快就消失了。

在听达尔文讲述时，赖尔时而陷入沉思，时而突然站起来，以很奇特的姿势把头放在椅座上。他不断地对达尔文的话提出疑问，不把问题弄清决不罢休。到了没有什么疑问可提的时候，他并没有马上表示赞成，而是保持着半信半疑的态度。

"达尔文先生，"赖尔说，"你关于珊瑚礁的新观点深深地吸引了我。不过现在我不能做出结论说，你的理论是正确的，但我希望它是正确的。所以我建议你把你的观点写出来，我将推荐你在地质学会上宣读。"

赖尔的公正态度使达尔文大受感动，他后来写道："赖尔的第二个特点就是由衷地同情别的科学工作者的工作。"

1837年5月，在赖尔的安排下，地质学会约请达尔文宣读他的珊瑚岛论文， 随后赖尔宣布放弃自己原来对珊瑚岛的解释。

为了表示对达尔文的赏识和鼓励， 赖尔赠给他一把地质锤， 这把锤现在还陈列在达尔文故居纪念馆里， 成了两位伟大科学家之间友谊的见证。

在以后的交往中， 使达尔文理解到了赖尔更多的高尚品质。 赖尔狂热地爱好科学， 但他并不是一个只埋头钻研科学而不问世事的学者， 他是一个坚定的有神论者， 但他在宗教信仰上是完全自由的， 对于不同信仰的人相当宽容和厚道。

达尔文认为自己在地质学上取得的成就应归功于赖尔所给予的知识和力量， 所以他对赖尔充满感激。 他总想以适当的方式表达这种感激之情。 在 1845 年《考察日记》 的第二版上， 达尔文写下了如下献词：

> 谨以感激和愉快的心情将本书的第二版献给皇家学会会员查理·赖尔先生。这部日记以及我的其他著作如有任何科学价值，这主要是由于读了他那本著名的、可钦佩的《地质学原理》。特此致谢！

书一出来， 达尔文即寄给赖尔一本， 并写信表示：

> 现在我把新版的《考察日记》献给您，写成这本书完

全是由于您的力量。我大胆地把这本书献给您，我相信这不会使您感到不快。为了您在地质学上给予我的极大帮助，我早就想以一种比任何提到您的著作更清楚的方式表示感谢。这主要不是为了您，而是为了我自己的诚实感。

1839 年，由一个偶然的机会，达尔文认识了年仅 21 岁的约瑟夫·胡克。当时胡克刚刚大学毕业，正准备乘一艘军舰到南极做科学考察。他的父亲是伦敦附近皇家植物园的主任，与赖尔家关系密切。通过赖尔，胡克最先读到了《考察日记》，立刻被作者渊博的知识和卓越的才华所震撼。他如获至宝，爱不释手，在整个远航考察期间，他始终把《考察日记》带在身边，就像达尔文在贝格尔上始终把赖尔的《地质学原理》带在身边一样。

1843 年，胡克从南极考察回来后，开始了与达尔文的亲密交往。达尔文把自己的一部分植物学资料交给胡克，并迫切地等待他的鉴定结论。

根据当时的流行观念，动物和植物都是上帝为了它们的生活环境而创造出来的，而且它们一被创造出来，就永远不会改变。按照这种观念，即使在相隔很远而自然条件相似的各个岛上，必定有相同的植物和动物。但达尔文在环球考察中观察到的事实却完全不是这样。他根据这些事实假设，物种是可以变异的。他的这些观察必须有物种标本的鉴定和确切记述， 才能得到人们的承认， 从而也才能证明他的假设。

胡克的工作完全证实了达尔文的观察和假设， 因此他成为达尔文进化论的第一位接受者。

后来胡克成为一位大植物家， 并接替父亲成为皇家植物园主任。 他利用自己广博的博物学知识和有利条件， 为达尔文完善进化论和进行其他研究提供了很多帮助。

由于共同的科学兴趣和思想基础， 达尔文和胡克互相尊敬和信任， 产生了最亲密的友谊。

达尔文迁居唐村后， 在伦敦的科学集会上又结识了博物学家托马斯·赫胥黎。 达尔文的《物种起源》 一书出版后， 赫胥黎成为宣传和捍卫进化论的最勇猛斗士， 对进化论的迅速传播起到了极其重要的作用。

赖尔、 胡克和赫胥黎， 是达尔文在科学事业上最有力的朋友。 正是由于他们无私的全力支持， 达尔文才顺利地提出了他的进化论， 经受住了围攻谩骂。 如果没有他们的支持，他在科学道路上不知要经历多少艰难曲折！

4. 幸福的婚姻

达尔文离开"贝格尔号" 舰时， 已经 27 岁了。 随后他一心扑在工作上， 很少有时间考虑自己的终身大事。 每当工作疲劳或病中无聊时， 他就很渴望有个温暖的家。 这时，埃玛的身影就会出现在他的眼前，他真不忍心让埃玛再等下去。地质学会秘书的微薄薪水和发表论文的收入，使他产生了自食其力的感觉。更重要的是，他已经计划要写一系列的著作，以后的收入会越来越好，于是他决定结婚。

1838 年 8 月，达尔文来到梅庄，向埃玛求婚。埃玛已经等了多年，听到达尔文说出"求婚"二字，激动得几乎流下泪来。等稍为平静了一些，她才说："查理，你这句话早该说出来！"

两个人紧紧地拥抱在一起。

"查理，"埃玛说，"我父亲非常喜欢你，也知道我对你的感情，但我要郑重地告诉我父亲，得到他肯定的答复后，我才能正式答复你。"

"我绝不担心在这个程序中出现意外，"达尔文笑着说，"我只盼望尽快得到你的正式答复。"

11 月 11 日，达尔文收到了埃玛的信，信中说，她父亲及全家都完全赞同他们的婚姻。

达尔文医生和乔塞亚都为这桩亲上加亲的婚姻感到高兴，各表示要出一笔可观的费用来赞助他们建立家庭。

结婚之前，达尔文与父亲之间发生了一次很有意思的谈话。

"查理，"父亲郑重地说，"你快要结婚了，有一件事情，关系到你婚后的幸福，我想提醒你一下。"

"什么事情，爸爸？"达尔文甚感诧异。

"你知道，"父亲说，"我们家和你舅舅家都虔诚地相信宗教，而你却对基督教持非常怀疑的态度。我建议你结婚后要把这种怀疑态度小心地隐藏起来。"

"为什么呢？"

"为了你和埃玛的幸福！"父亲说，"根据我的理解，在丈夫不相信宗教的家庭，当他们还年轻强壮时，关系还能处理得很好，可是女方的健康一旦变坏，她就认为这是自己为丈夫不信宗教而应得的惩罚，而对丈夫的帮助产生怀疑，她因而感到很痛苦，这样也使丈夫感到很痛苦。"

达尔文理解父亲的好心，就点了点头表示同意，接着显出很感激的样子，问："那么，如果妻子不信宗教呢？"

"情况也完全一样。"父亲说，"不过，不信宗教的妇女很少。在我一生中，我只知道有三位妇女怀疑基督教真理。"

"都是谁呢？"达尔文问。

父亲迟疑了一下，说："有两位你不认识，另一位就是你妈妈的妹妹基蒂·韦奇伍德。"

"我对基蒂阿姨的印象是眼睛明亮，很有智慧，从来也不知道她怀疑宗教。"达尔文期待父亲说出证据来。

"这就对了。"父亲说，"眼神如此明亮的妇女不可能是一个基督徒。"

父亲的推理逻辑，达尔文感到很滑稽，他差一点儿笑了出来。

"你永远也不要试图改变一个人的信仰。"父亲严肃地说，"你知道巴洛夫人吧。她怀疑我不是正统的基督徒，有一次她对我说：'医生，我知道糖在我嘴里是甜的，并且我知道我的救世主是存在的。'她说这话的目的是想改变我的信仰，但恰恰说明她的信仰是不可改变的。"

"爸爸，谢谢你的提醒！"达尔文说，"我不会伤害埃玛的宗教感情的。"

1839年1月29日，达尔文和埃玛在梅庄教堂举行了婚礼，接着到威尔士山去度蜜月，然后达尔文带着新娘回到伦敦，在伦敦安下家来。

这是一所面积不大的伦敦普通民房，它的最诱人之处是花园比大多数伦敦住宅的花园都要大。达尔文选中这里租下来，是为了能过上较安静的生活。

埃玛生性文静，不喜欢闹市的灯红酒绿和频繁的交谊活动；达尔文视时间如黄金，再加上身体不好，也极希望安静下来，所以他们放弃了一切交谊会。在这种安静环境中，达尔文的心情好极了，他甚至能从伦敦上空的烟雾中和远处沉闷的马车声中感到一种庄严的气氛。

婚后不久，达尔文成为皇家学会会员，声誉越来越高，不断有科学家和其他著名人士来访。埃玛接待客人热情周到， 雍容大方， 受到了客人们的一致称赞。 达尔文感到非常满足。

在以后的长期岁月中， 埃玛把她的每一份柔情都献给了丈夫和孩子们。 她无微不至地关心丈夫的身体和生活。 当达尔文由于疾病和精神抑郁而变得暴躁易怒时， 她默默地忍受着。 达尔文也从不与埃玛讨论宗教问题， 以免刺伤她的宗教感情。 埃玛晚年说， 在婚后的 43 年中， 他们从未发生过严重的争吵。

他们的儿子弗兰西斯回忆说："在我父亲对我母亲的关系上， 他以最动人的样子表现了他那同情的温和的气质。 同她在一起的时候， 他找到了快乐。 通过她， 那些可能被忧郁笼罩的日子变成了一种满足、 安静和愉快的生活。"

达尔文在自传中对他的孩子们写道："我可以断言， 在我的一生中， 我从未听到过我不愿意她说的一个字， 她永远都是最亲切地同情我， 而且非常耐心地倾听我因忧郁恶劣的健康和不舒服而不断发出的抱怨。 ……她是我一生中明智的顾问和使人愉快的安慰者。 如果没有她， 我的生活在漫长的岁月中将是凄惨的。"

五

　　伦敦郊外一处偏远的乡村，一座宁静的庄园，一位深受敬重的绅士在这里静静地准备着一场伟大的革命，创造出一个个惊人成就。

1. 定居唐村

　　1841 年， 32 岁的达尔文健康状况明显恶化。 他开始显出驼背， 经常觉得胸痛、 胸闷、 眩晕和疲倦无力， 上街时经常发生剧烈的头晕和虚脱症状。

　　"竞赛属于健者。 细细体会这句话， 我感到很痛苦。"他悲伤地对埃玛说，"今后除了羡慕别人在科学上的进展外，恐怕我什么也干不成了！"

　　"不， 你肯定还能干很多事！ "埃玛安慰说，"你现在太累了。 除了你的研究工作外， 还有好多科学集会和社交应酬。 如果你能放弃这些集会和交往， 会对你的身体大有好处的。"

"在伦敦这样的地方， 我怎么能一再推托不去参加科学集会呢？ 又怎么能够闭门谢客呢？" 他不由想起了风景如画、平静自然的施鲁兹伯里和梅庄， 说，"我现在多么向往安静的乡村生活啊！"

"你是说我们应搬到乡间去住？" 埃玛吃惊地问。

"我是这样想的，" 达尔文说，"乡间不但对我的健康有好处， 也适合孩子们的成长。 我希望我们的孩子能在一个健康、 广阔的环境中成长。 伦敦这地方是不行的。"

这时他们的第一个孩子威廉还不到两岁， 第二个孩子安妮才刚刚满月。

"我也一直怀念老家的美丽风光。" 埃玛说，"不过， 回老家后， 你与科学界保持联系就太不方便了。"

"伦敦近郊就是广大的乡村，" 达尔文说，"为什么一定要回老家呢？"

于是达尔文和埃玛开始在伦敦近郊找房子。 在他家的常客、 天文学家约翰·赫谢尔的热心帮助下， 到 1842 年 7 月份， 才在偏远的唐村找到了一处勉强可以接受的房子， 准备把它租下来， 但房主人坚持要出售。 达尔文当时出不起这笔钱， 依靠父亲和乔塞亚的资助， 才买了下来。

唐村距伦敦约 30 公里， 除了有时从伦敦上空飘过来的烟雾外， 没有别的东西可以表示这里是伦敦郊区。 它坐落在从伦敦伸展出来的两条大道的夹角中的一块高地上， 有弯曲的石径与大道相通。 它南面陡峭的白垩山构成一道天然屏障，好像要把伦敦挡在外面。 这里没有什么自然美景， 只有白垩堤岸上稀稀拉拉的低矮林丛， 俯瞰着下面平整的耕地， 使这里稍为显出一点自然美来。

达尔文买下的房子距唐村约半公里， 位置稍微靠近大道。 这是一座暗淡、 破落的三层方形砖房， 粉刷的石灰已部分脱落， 墙壁看起来斑斑驳驳。 房顶上的瓦好像就要坠落下来， 屋前的花园既无墙壁， 也无灌木屏障， 园中惨淡而荒凉。 从通往大道的小路上， 可以俯瞰花园中的一切。

1842 年 9 月 14 日， 达尔文一家来到唐村定居。 已经预先整修过的房子看起来美观多了。 他又雇人把小路铲低半米多， 沿着与花园相邻的那段路筑起一道墙， 掘出的土围绕草坪堆起小丘， 在上面种上常青灌木。 花园一有了屏障， 马上显出是一块很幽静的地方。

在房子南面， 建起了一个高达三层楼的大弓形棚。 一年后， 棚上爬满了牵藤植物， 非常喜人。 以后又加盖了会客室和书房。 会客室有通往花园的走廊。 达尔文在以后的岁月中就一直在这间书房工作。

同这所房子一起买来的还有约 110 亩土地， 房南的 70 余亩被育成一块美丽的田野， 里面散长着一些中等大小的橡树和□树。 田野中有一块是菜园， 做试验用的土地就在菜园中， 后来又在菜园中盖了温室。

到唐村后， 达尔文的健康状况似乎有了明显好转， 在伦敦时经常发作的剧烈头痛和虚脱已不再经常出现。 他在这安静的环境中情绪也非常好， 就以极大的热情， 猛干他的研究工作。

开始， 他每两三个星期去伦敦访问一趟， 以保持与科学家们的联系。 从唐村到伦敦最便捷的交通工具是马车。 后来铁路修了过来， 但到距离唐村最近的车站仍有 15 公里的马车路程。 这样的访问持续了一些年， 他越来越感到难以忍受路途的颠簸， 终于再也坚持不下去了。 以后与科学界的接触，只能主要靠写信和邀请少数朋友到家里来， 几乎哪里也不去。

达尔文是唐村的社会活动家， 与村民们保持着非常融洽的关系。 他帮助唐村组织了一个"友谊社"， 并且管理该社财务达 30 年之久， 他一丝不苟地记载每一笔账目， 每年向村民们报告一次。 除此之外， 他还管理过村里"煤炭会"的财务， 担任过几年"民事裁判所" 的裁判。 村民们有什么困难和需要， 他总是愿意解囊相助。 他还特别关心唐村孩子们的教育， 一次又一次捐助唐村的学校。

唐村达尔文故居后来被开辟为纪念馆， 里面保存了达尔文的很多遗物和著作手稿。

2. 有规律的生活

达尔文在"贝格尔号"舰上养成了有规律的生活习惯。定居唐村后，他根据赖尔教给他的"工作以不损害身体为限"的原则和他自己"决不浪费一分钟时间"的原则，制定了一张作息时间表，严格遵守。

他早晨起得很早，到户外作短程散步。在冬天里，他散步的时间天还没亮，偶尔还能碰到匆匆回窝的狐狸。

8点前他吃完早饭，就立刻开始工作。9点半，他到客厅去看信，看完他的工作信件，就躺在沙发上听家人朗读家信和一段长篇小说。

他听小说是为了让疲倦的精神得到休息和放松，所以他只喜欢比较轻松的作品。他曾经开玩笑说，应该通过一条法律来禁止结局悲惨的小说。他决不想先知道一个故事的结局。认为拿起一部小说先看结尾，这是女人们的坏毛病。他对于小说的评价完全是凭兴趣，曾说："按照我的兴趣，除非一部小说中有些非常可爱的人物，否则，就不算第一流的作品。如果其中有一个漂亮温柔的女人，就更妙了。"

到10点半，他又回到书房工作，直到12点或12点多一点，然后带着他的小狗到室外散步。

中午的散步通常是先去看一看玻璃花房，那里面有他实验的植物，然后沿着一条"沙径"散步。沙径是围绕着花园西南侧一块约 10 亩面积的狭长土地铺成的石子路，他亲手在沙径区内种了榛树、赤杨、菩提树、桦树、山茱萸、冬青树等各种树木。他坚持沿沙径走一定的圈数。沙径上堆放一堆小石块，他每走一圈就踢出一块来，用这种办法计算所走的圈数。到晚年，由于身体原因，他不再坚持这种计数习惯，只是尽力走罢了。

当身边无人的时候，有时他静静地站着或轻轻地走着观察鸟兽。在这种静默无声的暗巡密查中，他发现了一些不寻常的鸟。

有一次，几只小松鼠爬上他的腿和背，松鼠妈妈在树上痛苦地叫着，他慈爱地对小松鼠说着话，让它们回到妈妈身边。

还有一次，他散步时惊醒了一只昼眠的狐狸，狐狸惊骇地凝视了他好一会儿才跑开。而他带着的一只尖耳狗看到狐狸竟无动于衷，这使达尔文感到奇怪。

中午散步回来就吃午饭。他爱吃甜食，就像小孩一样，但医生禁止他吃任何甜东西，他也曾发誓不吃甜东西，可从来没有很好地遵守誓言。他喝很少一点酒，为的是感到愉快和恢复精神，但他非常憎恶饮酒过度，时常警告孩子们说，任何人都可能被引诱去喝过多的酒。

午饭后，他躺在客厅的沙发上看报。他的生活兴趣很广泛，　所以报纸上有很多吸引他的事情。

　　看完报纸后，　他回到书房开始写信。　如果信很多或很长，　他就先草写一个大致的底稿，　然后口授这些信。　他从父亲那里学来了保留一切来信的习惯，　他说对他有很大用处。

　　写完信，　已经下午 3 点左右，　他到寝室中，　坐在沙发上抽一支烟，　听别人给他朗读小说或其他非科学的书。　他只在休息的时候才抽一支烟，　但在工作时间闻鼻烟提神。　埃玛怕闻得太多对身体有害而限制他，　他就想方设法多闻一点。　他的鼻烟通常放在大厅桌子上的一个瓶子里。

　　至 4 点钟，　他下楼出外散步。　4 点 30 分到 5 点 30 分，是他的工作时间。　在这以后他到客厅稍坐一会儿，　6 点左右上楼休息，　听人读小说，　并且抽一支烟。

　　7 点 30 分吃晚饭，　他只吃一些简单的茶点和一个鸡蛋或一小块肉。　晚饭后，　他与埃玛下陆棋，　每晚两盘。　对每次的输赢都做记录，　他对这本记录很有兴趣。　下棋时，　他显得特别高兴，　他常为自己的坏运表示沉痛的悲叹，　并且对埃玛的好运表示夸大的愤愤不平。

　　下完棋，　他在客厅或书房中看一些科学书籍。　他的科学兴趣很广泛，　喜欢看一些非本专业的科学著作，　而且喜欢称赞他看不懂的著作。　他也曾嘲笑自己的这种态度，　但他常说:"在阅读一些不理解的东西中，　我感到了一种满足。"

看过书后， 他躺在沙发上听埃玛弹钢琴。 他的音乐能力极差， 但他确实喜欢优美的音乐， 尤其喜欢贝多芬的交响曲和汉德尔的一些作品。

听完音乐， 再听别人为他朗读小说、 游记等轻松的读物。 大约 10 点时， 他离开客厅， 10 点 30 分就寝。

只要达尔文保持着中等程度的健康， 他的生活规律就不会改变， 星期天也和平常一样。 这种惯常的生活规律， 是他能够坚持工作下去的保证， 超出他的生活规律以外的任何事情对他都是痛苦的。

从达尔文的生活规律来看， 他每天用于工作的时间并不多， 但他却完成了常人难以想象的大量研究工作， 取得了震惊世界的伟大成就， 他靠的是什么呢?

3. 与病魔抗争

达尔文的儿子弗兰西斯回忆说:"在将近 40 年的时间里，像普通人那样的健康， 他从未有过一天， 因为， 他的一生就是同疾病所引起的疲倦和痛苦进行长期斗争。 如果我们不说他过度劳苦、 坚持斗争和作战到底的情况， 就不能说明他的一生。"

他 35 岁前就开始驼背、 秃顶、 走路摇摆， 随着年龄的增长而加重。 人们通过他一直保持红润的面孔， 往往把他看作一个健康人，其实他面色最好的时候，恰恰是病得最厉害的时候。

达尔文本来喜欢交往，乐于参加各种科学活动，是朋友宴会上的活跃分子，但疾病逐渐剥夺了他的交往能力，使他不能参加任何科学集会。偶尔参加一次，他就感到非常疲倦和痛苦。到了晚年，就连他最亲密的朋友——胡克和赫胥黎，也不能像先前那样密切交往了。除了埃玛和孩子们，无论同任何人，只要会见和谈话超过半小时，他肯定要疲倦，接着就会觉得非常痛苦。

他在唐村长期抱病工作。只有在病得不能再工作的时候，才不得不停下来就医和休息。在一本日记里，他准确地记载了工作的日数以及因病不能工作的日子，还记载了起程去度假和回来的日子，所以他一年中多少天没有工作是可以查出来的。

虽然是带病工作，可他工作起来总是兴致勃勃。他写道："我一生的主要享受和唯一职业就是科学工作。"

他夜里通常睡不好觉，常常清醒地躺在床上或者坐在床上几个小时，思考着他白天研究的问题，结果把他弄得筋疲力尽，因而感到极其痛苦。

"我们住在唐村的头 20 年，我相信他没有一夜睡眠超过四五个小时。"埃玛回忆说，"我试验了各种办法都没有奏效。有几位医生朋友建议服麻醉剂，他说，麻醉药物使人退化堕落，坚决拒绝服用。只是到后来他完成了主要的工作，我们能够离家到海滨度假的日子里，他开始睡得好一些。"

达尔文为自己选择了众多的研究课题，制定了庞大的研究计划，但恶劣的健康只勉强允许他工作不多的时间。他唯一的办法就是挤时间和提高工作效率。他经常说，完成工作的方法是爱惜每一分钟。他认为一刻钟的工作与 10 分钟的工作有很大区别。哪怕只有几分钟的空闲时间，他也认为这点时间是值得用来工作的。他总是工作到气力用尽时为止。如果有人在场，他就会说一句："我应该停止工作了，留着点精力以后再用。"

如果某一段时间他身体不适的日子很多，或者常感头晕，埃玛知道这是他又工作过度了。这时她就要劝达尔文外出作短暂的休假。可他不愿意离开工作，好不容易被埃玛说服了，他还要斤斤计较。埃玛说休假一星期，他说 3 天，埃玛说 6 天，他说 4 天。即使在这样的假期里，他也从未闲散过，总是注意观察所到之地的生物，并有一些新的发现。

1845 年秋，他卧病两周。"那是怎样的两周啊！"埃玛回忆说，"他是个不安分的病人，为了阻止他到书房里继续工作，我们差不多要动武。和往常一样，他坚持要人把书送到卧室去，把一天中大部分时间用来读书。"

在工作中，他的动作相当迅速。他的手本来较笨，动作不很灵活，但做起实验来，却相当敏捷。虽然某些实验环节需要细心缓慢地去做，他也总是显出急匆匆的样子。不能容忍失败，是达尔文的一大性格特征。年轻时与朋友打赌或玩牌输了的时候，他就显得颓丧和易怒。这种性格表现在工作中，就是不重复做一件事。如果某一个首次就应该成功的实验必须重复去做，他就会感到非常懊丧，总是想着前一个实验不应该白费。

他也小心地避免被迫没有必要地去重读任何东西，为此他积累了三四十个大纸夹的资料、索引和摘要。研究某一问题时，只要取出一个或几个适当的纸夹，就可以获得他一生搜集起来的有关这一问题的全部资料。

为了节省时间和提高工作效率，他不很爱护书籍，怎么方便就怎么用。他往往把一本厚书切成两半，为的是用的时候方便些。他时常夸耀说，他曾说服赖尔分两册出版他的一部著作的第二版，因为他告诉赖尔，他曾被迫把这本书切成两半。小册子受到的待遇就更惨了，除了他需要的那些页外，他会把其余的页都撕掉。

达尔文就是这样在生活和工作的方方面面一点一滴地节约时间，提高效率，来与病魔抗争，完成他的研究工作的。

达尔文的身体状况极不适合这样的艰苦工作，他的父亲给他留下了很大一笔财产，他完全没有必要为了生活而这样艰苦地工作。但是，对自然界永不满足的好奇心，对科学工作的无比热爱，对真理的执着追求，使他把科学工作当作自己的生命。在他看来，既然选择了科学事业，就应该义无反顾地把一生贡献给科学，为人类带来更多的光明。

在这种思想支配下，他在总结自己的一生的时候，竟把他的疾病看作一件幸事。他写道："我的恶劣的健康虽然耗费了我若干年的光阴，但也使我避免了社交和娱乐，而不致精神涣散。"

他一生共写了80多篇论文，出版了22种著作，还参加了其他9部著作的编写，真是著作等身了。谁能相信，一个疾病缠身几十年的人能够写出这么多著作！更重要的是，他的每部著作和每篇论文都是他从亲自的考察、调查、实验中和严肃的思考中得出的新发现和新见解。在地质学、生物学、农学和园艺学等方面，他都做出了杰出的贡献，这该需要多少耐心细致的工作和多么坚韧的毅力啊！

晚年他的名声和影响越来越大，有人称赞他是天才，而他自己却不这样认为，他分析自己"没有高度的理解力和智慧"，只是"在对待容易逃避注意的事物上和细心观察事物上，我要比一般人高明些"。而"重要的是，我对自然科学的爱好是坚定和热烈的"。

"作为一位科学家，我的成功不管有多大，"达尔文最后总结说，"最主要的是，爱科学——在长期思索任何问题上的无限耐心——在观察和搜集事实上的勤勉——相当的发明能力和常识。凭着这点平庸的能力，我竟会在某些重要之点上相当地影响了科学家们的信仰。"

4. 慈爱的父亲

从 1839 年到 1856 年，达尔文和埃玛一共生育了 10 个孩子，有 5 个儿子和两个女儿长大成人，另外 3 个中，有两个死于两岁之前，一个在 10 岁时死去。

达尔文非常爱他的孩子。孩子们小的时候，他把他们当作日常生活中快乐的源泉。他在自传中对孩子们写道："在你们很小的时候，和你们一起玩耍是我的乐趣，当想到这样的日子一去不复返的时候，我不禁发出叹息。"

在他的一本笔记上，记录了孩子们小时候的一些言行。当孩子们都大了以后，他靠翻看这些笔记来引起愉快的回忆。

大儿子威廉刚出生，他为了研究人类的表情，开始了对孩子的详细观察，并做出详细的记录。但由于对孩子的爱，他的观察工作遇到了一个很难克服的矛盾：一方面他急于准确地观察孩子在啼哭时的表情，另一方面却又不愿看到孩子痛苦的表情，所以他对孩子悲伤的同情总是破坏他观察时的平静心情。

孩子 5 个月时， 已经可以用表情与他进行丰富的感情交流， 这使他感到惊奇， 更激发了他的慈爱之心。

"他是这样的可爱， 我无法再假装谦逊了，" 达尔文在写给福克斯的信中说，"不论用什么话去赞美这个孩子， 我都可以向任何人挑战。 我一点儿也没有想到一个 5 个月的婴儿会这样可爱。"

他喜欢参加孩子们的游戏。 如果哪一段时间的研究工作不太紧张， 他会把自己的星期天贡献给孩子们。 每天晚上睡觉前， 他总要拿出点时间给孩子们讲故事。 他讲的故事主要是以他的航海故事为基础编造的。

由于工作紧张， 他实在抽不出多少时间陪孩子们玩。 但孩子们非常想和他一起玩， 听他讲故事， 就千方百计地"贿赂" 他。 他们知道爸爸闻鼻烟总是受到妈妈的限制， 就时常偷一撮鼻烟来交换爸爸的工作或休息时间。

达尔文的书房， 除了早晨打扫房间外， 不经特许是禁止任何人进入的。 埃玛亲自负责这个规定的落实。 她还嘱咐孩子们， 当爸爸正在工作时， 经过一楼必须像老鼠一样悄无声响。

孩子们当然不能理解为什么不能随便去找爸爸玩耍。 有一次， 不满 4 岁的弗兰西斯怯生生地溜了进来， 伸出肮脏的小手， 掌心放着六个便士， 他要用这笔钱收买爸爸同他一起出去玩。

对孩子的擅自闯入，达尔文显然皱着眉头，准备赶孩子出去，但看着孩子眼巴巴地望着他等待答复，是那么天真可爱，他就再也没有勇气拒绝了，说："要拒绝你这一大笔钱可真不容易呀！"拉住小弗兰西斯出去玩了一会儿，不过他告诉孩子，这样的事以后决不能再发生。

当孩子们玩耍非常需要绳子、针、剪刀、尺子和锤子的时候，他们就会背着妈妈闯入爸爸的书房去拿，因为他们知道那里准有这些东西，但他们也知道进入爸爸的书房是不对的，总是显出怯生生的样子。达尔文对孩子们玩耍的需要总是支持的，他以极大的耐心忍受着孩子们的干扰。有时候他会以温和的乞求语气说："你们不能不再来这里吗？我的工作已经叫你们打断好几次了。"

女儿安妮是达尔文的掌上明珠，给他带来了无限的快乐，不幸的是，1851年，小安妮10岁时，死于猩红热。这对他是一次沉重的精神打击，引起了他剧烈的悲伤。

"这是我第一次见到他忍不住流出了眼泪，"埃玛说，"他坚强地忍受了父亲去世的悲哀，可是我们的小宝贝安妮的死所带来的悲痛，连他也忍受不了啦！"

安妮死后一个星期，达尔文写了一篇沉痛的、充满柔情的散文纪念安妮，把安妮充满深情、活泼悦人的性格和音容笑貌描绘得栩栩如生。任何人读了都不能不喜欢天真可爱的小安妮，不能不为她的夭折而惋惜，不能不为达尔文的慈爱深情所感动。

达尔文喜欢同孩子们一起散步和在花园中慢慢徘徊。 偶尔一家人坐在草地上聚一次餐。 他时常躺在一棵大菩提树下， 头枕着一个绿草覆盖的土墩， 欣赏孩子们戏耍。 当打网球的大孩子们把球打到他身边时， 他就高兴地用手杖的弯柄把球打回去。

他对孩子们始终保持着愉快和慈爱的态度， 几乎不愿对孩子们说一句生气的话。 偶尔责备孩子一次， 事后他很快就以特别和蔼的语气给孩子说话。 他的孩子们也从来没有想到违抗他。

他理解所有孩子的兴趣， 对他们提出的问题， 他都乐于回答； 他们喜爱的事， 他都表示关心。 女儿伊丽莎白喜欢养猫， 而达尔文不喜欢猫， 因为猫常常偷吃他的鸟儿， 但为了让女儿高兴， 他了解并记住女儿的许多猫的特征， 并时常谈论它们。

他尊重孩子们的自由和个性， 尽量使自己站在与他们平等的地位上。 当孩子们给他读完一页书或帮他做完一件事后， 他总要愉快地说一两句亲切的话表示感谢。 对于孩子们不愿讲的事情， 他从来不希望知道。 他使孩子们感觉到，他们每一个人的意见对他都是有价值的。 他允许成年的孩子与他争论， 甚至取笑他。

他非常关心孩子们的教育， 注意培养他们热爱知识和劳动的习惯。 每个孩子都做过他的工作助手， 帮助他做实验，誊写文章、 看校样、 执笔写他的口授信件， 到图书馆和博物馆查找资料。 在他的培养和熏陶下， 5 个儿子中有 4 个成为科学家和皇家学会会员。

他关心孩子们的事业， 对于每一个孩子的计划和成功，他都表示充分关心。 他常对孩子们是否有足够的知识做好某一件事表示怀疑， 他们往往笑他不相信自己的儿子； 孩子们每做成一件事， 他都要大加赞许， 孩子们往往认为他的评价过高， 他就会表示不平和假怒。

"他的表扬或赞美或许抬高了一点我们的虚荣心，" 三儿子弗兰西斯写道，"但他的性格、 诚恳所发生的影响比这点更为深刻、 更为持久。"

5. 爱的化身

达尔文的爱心远远超出了家庭的范围。 凡是亲眼见过并了解达尔文的人， 都认为他是一位和蔼诚恳的绅士， 不但非常关心人， 而且很关心别的生物， 具有非常广泛、 强烈的同情心。

他一贯乐善好施， 表现了对他人的爱。 在他一生的最后20 年， 不断地捐赠大笔款项， 资助科学事业和公益事业，帮助亲戚和科学界的朋友。 他给唐村教堂的复活节赠款总是相当慷慨。每年的圣诞节，他的哥哥和姐姐们都会收到他称为"以表示手足之情的小小纪念品"的大笔钞票。

他对科学事业的捐赠无法一一列举。他通过出版商约翰·默里提供了总数超过 5000 英镑的巨款，用来翻译出版外国的科学名著。书出来后，他又买了很多，赠送给他参加的各个学会的图书馆。

1879 年，意大利都灵皇家医学院把 1857 年至 1878 年的比萨利奖金 1.2 万法郎奖给达尔文，他拿出一部分帮助那不列斯生物研究所购置仪器。

他逝世前不久，对胡克说："我想在今后每年捐献一笔钱，来协助或推进生物学领域里的一项或几项研究。如果这些研究在我活着的时候还没完成，我将在遗嘱中做出安排。"稍后又向前来访问的贾德教授表达了同样的愿望，让贾德帮他发现需要资助的研究项目。他还特别向胡克提出，愿意资助皇家植物园重新编写大型工具书《植物名汇》。

达尔文对科学界的朋友同样十分大方。1873 年，赫胥黎教授患了严重的肝病，身体极度虚弱，需要立即开始长期疗养，可他的经济状况不允许。达尔文知道后，心急如焚，立即决定提供一笔钱给赫胥黎，但他知道赫胥黎的自尊心很强，直接送钱或者借钱给他，他肯定不会接受，于是他和其他朋友商量出一个变通的办法。办理妥当后，达尔文给赫胥黎写了一封措辞恳切的信，告诉他说一笔 2100 镑的款子已存入他的银行账户，并说这事是为了"公众的利益"，而不仅仅是为了他本人。信中说：

> 如果你能听到我们说了什么，或者能理解我们内心深处想些什么，你就会知道我们大家对你的感情和对待一位可尊敬的、深深热爱的兄弟应有的感情没什么两样。我相信，你也会用同样的心情来对待我们，乐于给我们一个对你略尽心意的机会，因为这将是我们终身感到高兴的事情。让我再补充一句，这个做法是几个朋友几乎同时想到的，事前并没有商量。

赫胥黎收到这封感人肺腑的信，激动得不知该说什么好。他知道如果拒绝这番盛情，朋友们该多么失望。他大声喊道："我做了什么，竟让他们如此厚爱！"

1880 年，被达尔文称为"观察大师"的动物学家马勒在巴西考察时遇到一场大水灾，险些送了命。达尔文知道后，立即表示要为马勒购买被洪水损坏的全部书籍和仪器。

达尔文在唐村，虽然恶劣的健康限制了他对朋友的访问，但他却一直是一位殷勤好客的主人。他家里总有一间空闲的卧室供给客人住或度周末。他和客人谈话时，为了不使客人厌烦，从来不把一件事讲上两遍。对于不懂科学的客人，他就避免很专门的科学话题。他有很多趣闻逸事，并讲得非常生动，能引起客人很大的兴趣，但他更愿意耐心地听别人讲话。和较为博学的朋友们在一起时，他总是极其谦虚。他时常引起一个话题，自己先不发表意见，让别人先谈，他注意倾听，不时地点头表示同意。那情景就好像他们是老师，而他是个好学的小学生似的。一些较年轻的科学家在他面前大发议论，他很少表示异议，给人的印象是他学到了一些新东西，而事实上他对这个问题的知识要比那些人多十倍。每当有客人来访，他从来不让仆人引进客人，而是亲自把前门打开，快步上前握住客人的手，热情地问候着。送别时总是站在门口，极诚恳地感谢客人来看望他。

达尔文一生不喜欢与人争论，尤其不喜欢带有讽刺挖苦的争论，对发脾气更是深恶痛绝。如果他觉得对别人稍为有点粗鲁，他就会夜不成眠，闷闷不乐地想着这件事，结果总是第二天早晨去向别人道歉。

"脾气暴躁是人类较为卑劣的天性之一，"他说，"人要是发脾气，就等于在人类进步的阶梯上倒退了一步。"

达尔文对家中的仆人一向态度和蔼，从来没对他们说过一句严苛的话。除了被他看作一家人的老管家外，一律以叫名称呼仆人。仆人们都能在他家干得长远。如果偶然有使女要离开出嫁，保证能得到他家的一份礼物和他赠送的一笔钱。每个年老退休的仆人，都保证能得到一笔养老金。他逝世后，根据他的遗嘱，这一做法仍然继续下去。他还很注意不让仆人过度劳累，如果哪一天他发现女仆干太多的活，就立刻说服埃玛再雇一个。

达尔文事事处处替别人着想，为此耗费了他很多精力。他经常有很多信要回，即使陌生人写来的很愚蠢和鲁莽的信，他也要回信。他经常这样说："如果不答复他们，我会有愧于心的。"

他写信总是先考虑到收信人，当他口授一封写给外国人的信时，他总是对执笔人说："你最好设法写得好一些，因为这是一封写给外国人的信。"

他假设人们不会仔细看他的信，在口授时，总是告诉执笔人，用一个重要的短句开始一个明显的段落，说这样便可吸引他的注意。

达尔文的爱心和同情心也表现在对待动物上。在马戏团看表演舞蹈的狗遭受虐待，他非常同情和愤怒，但他无权干涉。这种情景时常在夜间出现在他的脑海中，使他感到很痛苦。他晚年对自己年轻时喜爱打猎表示忏悔，强烈反对为打猎而射杀一切动物。

有一天，他从外面散步回来，显得面色苍白，神情颓丧，家中人认为他突然病了，非常惊慌。他解释说，他刚才看到一个人在虐待自己的马，走过去向那人提出强烈的抗议，由于激动，才变成这个样子。

有一位乘马车到唐村来的人，催促车夫把马赶得快一点， 车夫说："你还嫌慢呀！ 如果拉的是达尔文先生， 我这样打马， 他早跳下车把我痛斥一顿了。"

达尔文对做实验的动物充满了爱， 常把它们比作人， 充满柔情地对它们说话， 向人们谈论它们。 一位传记作家曾写道："达尔文对昆虫没有别的态度， 只有好感。"

达尔文在做标本时， 总是先把这些动物毫无痛苦地弄死， 然后再开始制作过程。 他小时候就发现月桂树和夹竹桃叶的汁对大多数昆虫有麻醉作用。 他原先就用这种办法先使昆虫麻醉， 然后再杀死它们。 后来他总是把昆虫放进有氰化物的瓶中， 使它们立刻死掉。

达尔文的和善、 诚恳和强烈的同情心体现在他待人接物的各个方面。 有人说他是"爱的化身"， 这话一点儿也不夸张。

6. 一项艰难费时的研究

达尔文定居唐村， 最初几年的主要工作是完成在伦敦就已开始的几部著作。 到 1843 年， 他的《 "贝格尔号" 舰航行中的地质学》 五卷集全部出版。 从 1842 年到 1846 年， 包括《珊瑚礁》《火山岛》 和《南美洲的地质》 三卷的《 "贝格尔号" 舰航行中的地质学》 陆续出版。 这期间他修订了《考察日记》， 于 1845 年出了第二版。

　　从 1846 年 10 月到 1854 年 9 月这 8 年间，他的主要时间用于研究蔓足类动物。

　　蔓足类是一种甲壳类海生动物，它们的形体是披着几片壳板，没有明显的体节，胸部有 6 对附肢，曲曲如蔓，所以称为"蔓足"。足从壳口伸出，拨水呼吸和摄取食物，只吃小虾和鞭毛虫。它们固着在岩石、石块或某些漂在水里的物体上。吃水的船底下，常常密集地布满蔓足动物——藤壶和茗荷儿。它们不但影响航速，而且污损船底，令水手们非常讨厌。

　　当达尔文在智利海岸时，曾发现一个很奇异的藤壶类型，它潜伏在贝类的壳内，同其他所有的蔓足类都大不相同。他刚开始研究时，只是想弄明白这种蔓足类的构造，把它描述下来。但要做大这一点，就必须考察和解剖许多相同的类型。这样一发而不可收，在研究过程中遇到了许多问题迫使他耐下心来，把整个蔓足类都研究一遍。

　　他发现蔓足类原来的分类非常混乱和不完全。他必须对它们重新做出分类和描述。但蔓足类动物很难分类，它包括许多品种，每个品种中又有许多有着细微差异的变种，很难决定这一个或那一个标本应归入哪一个品种去。达尔文在大学不是学生物学的，缺乏生物分类的系统知识，没有受过生物解剖的正规训练。这使他研究起来更觉困难，他必须一边学习，一边研究。

他收集了所有品种的蔓足类动物，常常几个小时坐在工作台旁，目不转睛地盯着这些动物身上每一个细小的性状或器官，确定某些刚可察觉的、容易混淆的差异。这些差异形成了一个物种的许多变种。

开始，他只根据蔓足类的某一个或几个性状来分类，结果往往是错误的，所以进展非常缓慢。他渐渐觉得非常厌烦了。在给胡克的信中，他写道：

> 我把一批类型先当作个别的品种来描述，后来我就把稿纸撕了，把它们算作一个品种，又把纸撕了，把它们分成几个品种；后来又把它们归并在一起。这种情况我经常碰到。我恨得咬牙切齿，咒骂这些动物，并且时常问自己：我究竟做了什么孽，要吃这种苦头。

后来，他拿这种动物结构上的许多重要性状作根据来分类，才出现了转机，但仍然需要极耐心细致的工作，进度也仍然很慢，厌烦的情绪仍不时向他袭来。

"我从未感到有过这样的心情：厌恶，恐惧，好奇，盲无目的，想入非非。"他 1849 年 10 月写给胡克的信中说，"我最大的安慰是，这一工作总有一天能完成，我还是像别人那样去干吧。"

1851 年，他的《蔓足类亚纲》第一卷出版。他在高兴之余，对剩下的大量研究仍很厌烦。1852年10月，他写信给胡克说："我正在写蔓足类的第二卷。我对这种动物感到了极大的厌倦。我对藤壶的憎恨是以往任何人未曾有过的。"

1853年7月，第二卷将要完成之际，他写道："我对这个问题花费的精力几乎是可笑的，如果我预先看出这是怎样一种工作，我肯定不会这样干的。"

1854年秋，《蔓足类亚纲》的第四卷，也是最后一卷出版。这部著作在科学界以外没有引起注意，但在科学界内得到了高度评价。

"我认为他从来没有做过比这项工作更聪明的事。"赫胥黎评价说，"在他回到英国后，他所需要的是相应地熟悉解剖学和发育学以及它们同分类学的关系——他借着研究蔓足类获得了这些。"

胡克评价说："仅在研究了蔓足类以后，他才是一个经过训练的博物学家。"

研究蔓足类所得到的训练影响了他以后的著作，使他避免了许多细节上的错误。特别是他在写作《物种起源》时，在研究蔓足类中获得的分类学知识给了他极大的帮助。

"尽管如此，"他写道，"我还是怀疑这一工作是否值得消耗那么多时间。"

为什么达尔文对长期研究蔓足类动物那么厌倦，在多年后仍然耿耿于怀呢？从他刚完成蔓足类著作立即写给胡克的信中可以找到原因。

"我把成千上万的藤壶弄出家去送到世界各地，" 他写道，"不过， 一两天后我就要开始看一看有关'物种' 的笔记。 我势必要同你讨论大量的问题。"

原来他一直惦记着一项最重要的研究计划——写出一本关于物种起源和变异的著作来。 研究蔓足类把他这个计划大大地推迟了。

六

　　出版商迷惑不解：一本准备赔钱的书，
转眼间被抢购一空，一版再版，供不应求；
作者更感吃惊：一本担心没人读的专著，竟
然成了车站书摊上的畅销书。

1. 秘密中的秘密

　　达尔文在"贝格尔号"舰上时，曾把物种的起源和变异问题称作"秘密中的秘密"，因为他当时不能解释这一问题。

　　按照《圣经》和神学家们的解释，各种生物及其性状都是上帝根据一定的目的设计和创造出来的。譬如，上帝创造了啄木鸟，是为了让它啄树身中的虫子，所以给它设计了能钻进树木的尖硬的嘴和能够牢牢抓住树木的尖利爪子；创造长颈鹿是为了让它吃树叶，所以给它设计长长的脖子。各种生物一经上帝创造出来，它的性状便永不改变。

　　达尔文原先是相信物种不变的，但在 5 年的考察中，他发现的大量事实不断地冲击着他的这种观念，促使他不能不思索下列问题：

为什么巴塔哥尼亚高原的地层中所发现的巨大动物化石和现在的某些动物相似？

为什么南美大陆上非常近似的动物形态，从南向北逐渐不同？

为什么加拉帕戈斯群岛的大多数生物都具有南美生物的性状？而群岛中同种的生物在各个岛上却有稍微差别？

"显然，"达尔文写道，"这些事实以及其他许多事实，只能根据物种是逐渐变异的这一假设才能得到解释。"

接下来的问题是：物种是怎样变异的？

达尔文注意到，每一种生物都能巧妙地适应它们的生活习性。如啄木鸟和雨蛙有高超的爬树本领，一粒种子借着小钩或茸毛进行散布。它们的这些习性是怎样获得的呢？

按照早期进化论者的解释，各种生物不同的性状和习性是由于环境条件的作用和生物"自我完善的意志"。达尔文对此大有疑问：加拉帕戈斯群岛的各岛屿距离很近，环境条件一样，为什么同一物种会有差别呢？一粒种子借着小钩和茸毛进行散布。这里面有什么"自我完善的意志"？大量的灭绝物种是因为没有这种意志吗？

如果说人类很早就驯服了鸽子中的好多品种，从而这些品种的野生鸽就自然消失了，这更难以使人置信。

达尔文提出了一长串证据后认为，家鸽只能起源于一个野生种。

那么究竟起源于哪个种呢？他进行了杂交实验。他把一只家养白鸽和家养黑鸽进行杂交，得到几只黑白斑驳的鸽子，又把这几只杂交后，却得到一只灰色的鸽子，腰里白色，翅膀上有两条黑纹，尾巴和羽毛有黑色的末梢和白色的镶边。虽然和岩鸽不完全一样，但谁都能看出岩鸽的明显性状来。

达尔文又研究了牛、马、羊、鸡等品种的历史，无数事实使他确信，好多家养品种也都起源于野鸽或者很少几个野生种。

达尔文观察到，家养的动、植物，每一种都有不同的变异，而这些变异的性状正是人们要利用的部分。

花园里的月季，花朵颜色各异，枝叶和根却相似；人爱吃的胡萝卜和牲口爱吃的胡萝卜根茎部一样，叶子都相似；肉鸡和斗鸡一看都是鸡，可肉鸡敦实肥圆，斗鸡挺拔矫健。家养品种适合人的需要的品质，是从哪里来的呢？

同种的动、植物之间在性状上总有微小差别。没有两只完全相同的羊，也没有两株完全相同的兰花。人总是能看出对自己有利的细小变化，并且选择具有这些变化的个体。种花的园丁和种地的农民把比较差的植株拔掉，只留下最好的。培育猎犬的人只留下最好的狗崽，其余的消灭掉。

这叫作"选择"，但这是最简单的选择，较复杂的选择要通过几代来完成。

牧羊人要取得又长又细的羊毛，就在羊群中选出羊毛最长最细的几只进行交配。生下羊羔后，又从中选出羊毛最长最细的几只来传种。这样经过几代的选择，就获得了一种羊毛很细很长的新品种羊。

园丁获得花的新品种也是这样，他选择最惹人喜欢的花朵，把它的种子保存下来，单独播种。生长开花后，他又选出最好的花来，这样多次做下去，就得到了新品种的花。

人类就是这样用选择的方法，把生物身上细小的对自己有用的特征，一代一代地积累起来，培育出新的品种。由于选择，人们限制或促使家养动物使用某些器官，从而使它们的身体结构发生变化。

达尔文在潘帕斯高原看到，当地的牛、羊常年在野外，乳房都很小；而经常挤奶的牛、羊的乳房都很大。他经过测量还发现，家鸭、家鸡由于很少用翅膀，它们的翅骨与全身骨骼的比例，比野鸭、野鸡小；而它们的足骨与全身骨骼的比例，却比野鸭、野鸡大。

早期进化论者拉马克认为，如果动物器官一代接一代地使用或者不使用，那么它的变化就会变成遗传性的。起初，达尔文因强烈反对拉马克的动物都有"自我完善的意志"的观点，连他关于性状遗传性的解释也一并反对。后来，达尔文根据搜集到的大量事实，承认了拉马克关于性状遗传的观点是正确的。

他还了解到，在人民群众日常的实践中，所谓"选择"往往是不自觉的。他们只让最好的动物繁殖后代，并不是有意培育一个新品种，而结果往往是出现了新品种。

他得到了一个无意识选择的极好例证。有两个农场主，从一个人那里买了同一品种的羊，分别繁殖各自的羊群，一次也没有采用杂交。50年后，两群羊变得完全两样，简直可以看作两个不同的品种。人们无意识地利用着动物的某些性状，使变异保持和积累下来。

他看到植物也是这样。园丁把花的优良种子播下后，不再从最好的植株上搜集种子，因为他有把握，良种在适当的照护下，定能长出好花草来，即使长出一些不好的，也绝不会很多，拔掉就是了。

遗传性是生物固有的特性，后代或多或少综合双亲相像。人类只要选择需要的变异，利用遗传性把这些变异在许多代中积累起来，就可以创造出家养动物和栽培植物的从未有过的新品种。

这个过程，达尔文称之为"人工选择"。

找到了人工选择这把钥匙，也就打开了家养动物和栽培植物的变异性问题的大门，一切都豁然开朗了。

人工选择，实质上就是消灭不合格的生物，把生物对人有利的变异性状选择出来， 加以突出， 并通过遗传性保持下来。 那么， 在自然界呢？ 那里并没有人在年复一年地进行选择， 是不是也存在着类似的选择过程呢？

2. 自然界的生存斗争

达尔文在考察中发现， 有大量的物种灭绝了， 有的物种保存下来， 并变异出许多新品种； 有的物种正在急剧增加， 而有的物种却在迅速减少。 这是什么力量在起作用呢？ 是受什么法则支配的呢？

1838 年 10 月， 达尔文偶尔拿起英国经济学家马尔萨斯的《人口论》 来阅读消遣， 人口的增长与食物的增长应保持平衡， 而实际情况却是， 人口的增长速度远远快于食物的增长， 于是就出现周期性的 "人口过剩"， 随之而来的是贫困、 饥饿、 疾病和激烈的生存斗争， 甚至战争， 造成人口的大量死亡， 从而达到新的、 暂时的平衡。

马尔萨斯还认为， 人口增长的法则同样也适用于自然界。 动物和植物繁殖后代的能力非常强， 但自然能为这些生命种子提供的场所和营养却很有限， 因此必须有大量的种子被消灭掉， 使生物的种类和数量限制在一定的范围内。 如果出现生物繁殖过剩， 必然引起生存空间的拥挤和营养匮乏， 从而造成大量死亡。

受马尔萨斯观点的启发， 达尔文立刻回忆起他在自然界里见到过的一幅幅生存斗争的画面。

"我立刻觉得，" 他在自传中写道，"在这等环境条件下， 有利的变异将被保存下来， 不利的变异将被消灭， 其结果大概就是新种的产生。"

植物结出大量种子， 昆虫繁殖大量幼虫， 大部分都被鸟类吃掉了； 而鸟类的卵和幼雏又常常被猛禽和野兽所吞食。 每一种生物， 如果不被消灭的话， 都可以占领整个地球。

早春时节， 杨树和柳树的种子乘着白色长毛的 "降落伞" 漫天飞舞， 像雪花一样铺满大地。 如果全部种子都长出树来， 那么要不几年， 整个世界就是一片杨柳树林了。鱼的一窝鱼子有成千上万颗， 每棵蒺藜一年能产生 10 万颗种子； 如果都成活的话， 可以想一想， 几年后， 地球上陆地和海洋里会是什么情景。

达尔文计算过， 即使繁殖最慢的大象， 如果幼崽都成活， 在 750 年里， 一对大象的后代就有 1900 万只， 那么100 对大象呢？

而事实上， 大量的植物和动物的种子、 幼芽、 卵、 幼崽， 都被别的生物消灭了。 每一个生物， 都靠消灭别的生命得以活命， 自然界每时每刻都在进行着残酷的生存竞争。

生物长大后， 仍然面临巨大的危险， 始终处在它的敌人的威胁之下。 一株植物随时都可能被昆虫或其他动物吃掉；

一只昆虫随时都可能被一只鸟吃掉， 一只鸟也随时可能被猛禽或其他动物吃掉……

不但不同生物之间相互斗争， 同种生物之间， 为了争夺营养， 也会展开激烈的竞争。 两只饿狼为争夺一块食物而进行生死搏斗， 同种的动物群各自守卫着自己的领地， 严防他群的侵犯。 密集生长的同种植物， 优良的植株在吸收阳光、水分、 肥料方面占据优势， 结出优良的种子； 而在它排挤遮掩下的植株却长得矮小瘦弱， 结出劣质的种子， 甚至结不出种子。

除了生物之间的竞争外， 生物还要与严酷的自然环境做斗争。

在两极地区， 沙漠、 雪山、 沙岛上， 大多数生物不能存活， 却有少数植物和动物生存下来。 南美陡峭的山顶上，孤零零的树木长得弯弯曲曲， 并不是受到别的植物的排挤，而是同恶劣气候做斗争的结果。

达尔文认为， 生物的全部生活就是生存斗争， 而斗争的方式是多种多样的； 有的主要是同别的种斗争， 有的是坚持在不利的环境中生存下去， 有的是同种内部的斗争。 为生命而进行的斗争， 可以几种形式同时进行， 也可以仅以某一种形式表现出来， 这全要看生物所处的环境条件而定。

达尔文看到， 自然界各种生物之间不仅相互斗争， 同时还相互依存。

他在英国斯塔福德地区看到一大片荒凉贫瘠的平原，这是放牧造成的。其中有一块不大的松林，鸟儿飞来飞去，传出惊人的叫声，地面上生长着各种野草。这是25年前，有人用石头把这块荒地围起来，禁止牲畜践踏，并种上了苏格兰松。长成松林后，别的生物也随着出现了。

这个事实使他想到，南美巴拉圭地区有一种苍蝇，把卵产在初生幼畜的肚脐上，引起溃烂发炎，造成幼畜死亡，所以这里没有牲畜。而附近几个国家，都是牛羊成群。他想，为什么巴拉圭的苍蝇不会越来越多，侵犯邻近的国家呢？显然有一些昆虫在限制这种苍蝇的进一步繁殖，而这些昆虫却没有能力彻底消灭这种苍蝇，是因为食虫鸟类控制了昆虫的数量。

这就形成了一条生物链。

达尔文观察到，植物和动物之间也有很密切的关系。

很多人都知道一个地方猫越多，三叶草就长得好。猫与三叶草有什么关系呢？

原来，三叶草由熊蜂传粉，熊蜂多，三叶草就长得好，但田鼠经常掏掉熊蜂的巢，是熊蜂的天敌，而猫又是田鼠的天敌。这样就形成了"猫——田鼠——熊蜂——三叶草"这个生物链条。猫多，田鼠就少；田鼠少，熊蜂就多；熊蜂多，三叶草就长得好。反过来，如果猫少，三叶草就长得不好。

各种生物之间既相互联系又相互斗争，在斗争中保持着紧密的联系，在联系中进行着激烈的生存斗争。

3. 秘密终于被解开了

发现了自然界生存斗争的规律后，达尔文马上意识到，大量的灭绝生物都是在生存斗争中被淘汰下来的失败者。那么在自然界中，谁能够活命，谁注定要死呢？是什么决定了它们的生死存亡呢？

现在达尔文可以毫不犹豫地回答了：是它们自己，是它们自身的优点。一切生物，在生存斗争中，如果不具有胜过其他生物的优点，就都要灭亡。只有那些具有别的生物所没有的某些有利性状的动物和植物，才能够在生存斗争中活下来并产生后代；只有最能适应生存环境的生物，才能活下来。

与"人工选择"相对应，达尔文称这种自然条件选择适合于自己的生物的过程为"自然选择"，有时也称"适者生存"。

自然选择比人工选择要严格得多，一切细微性状或变异，只要能使生物对气候、土壤等自然条件更适应，或者能保护自己，抗击敌人，都会在生存竞争中发生作用，得到自然选择的支持。

生物对生活环境适应的例子实在太多了。加拉帕戈斯群岛上气候干燥，陆栖的大龟身上有储备水的功能。为了防止被敌人吞食，许多弱小动物都有保护色，有的还随着季节的颜色而变化。菜白蝶的绿色毛虫伏在绿色的叶子上，一点也看不出来。柞蚕的颜色很像树节。树林中的哺乳动物特别有用的是握力很强的四肢，可以爬上树木，抓住树枝。猩猩靠双手攀缘树木，摘取食物，可它的脚很软弱。在开阔平地上的哺乳动物，由于没有可以用来自卫的强壮牙齿和爪子，自然选择就给了它们强壮有力、善于奔跑的腿。

从自然选择理论，不难看出自然环境，如食物、气候等，促使物种进化的直接作用，但不知什么原因，达尔文在表述他的理论时，却对环境在产生新物种时的重要作用很少注意，而偏重于论述生物对环境的适应能力。晚年，他认识到了这一点，说："这是我犯的最大错误。"但这个错误并未从根本上影响自然选择理论的正确性，后人的研究很快就弥补了这个错误。

自然选择可以把对生物有利的某一特点发展到很完善的制度。例如，雏鸟最先要啄破蛋壳，在出壳之前，它的尖嘴已很硬很长了；昆虫的幼虫要咬破它的茧，自然选择就先给了它一个大颚，有了这个大颚，它才能破茧而出。

但是，绝对的完善是没有的。飞蛾在夜间飞到白色的花上采蜜，但它也把火当作白花，扑上去送了性命。刺猬蜷曲起来，很厉害的动物也对它无可奈何，但黄鼠狼却有办法让它伸展开来，从腹部无刺的部位下嘴吃了它。蜜蜂的螫刺让敌人害怕，但它的螫刺上生有倒钩，刺向敌人往往拔不出来，结果断送了自己的性命。乌龟有坚硬的背甲，好多动物奈何它不得，但猛禽能把它衔到空中再掷下来，摔碎龟甲，再撕吃它的肉。传粉的昆虫和植物好像是完美的结合，但有些昆虫贪吃植物的花蜜，只管把花冠咬破贪婪地吸吮，并不是传粉，导致花朵不能结实而枯萎。

所以，在自然界中搏斗着的生命，一个细小的缺点，也足以招致灭亡；而一个微不足道的优点，也能挽救生命。

生物如果具有有利的性状，能使它们在生存斗争中发挥优势，这种生物就能存活下去。而且，如果接下来的一代又一代是处在同样环境中，这种性状就会遗传下来，并且在自然选择过程中增强起来。

生物性状的合理性或完善性和它们对环境的适应，是逐步发生的，是长期的自然选择的结果。

达尔文的自然选择理论，解释了生物界中谁能生存的问题，并且进一步解释了生物的生存本领是怎样得来的。

那么，自然界中为什么会有千千万万种动物和植物呢？这同样可以用自然选择理论来解释。

最原始的物种是很少的，后来的好多物种，是从同一个祖先变异而来的，这种变异是原始物种的性状分歧引起的。

每一物种都包含着许多不同的性状。经过长期的自然选择，这部分性状被突出出来，发生了越来越大的变异，不但距原始物种越来越远，而且距来源于同一物种而在其他条件下变异的生物也越来越远，这样就产生了新的物种。这种性状分歧过程呈树状形态发展下去，久而久之就产生了众多的物种。

不但同一物种的不同性状有这种分歧，而且它的同一性状如果适应于不同的生活条件，也会产生这种分歧。

性状分歧的结果，就产生了低等生物与高等生物共存，千千万万生物共存的复杂的生物世界。

有了自然选择理论，自然界中许多疑问也都得到了解答。

为什么各种脊椎动物的骨骼构造上会有共同的性状？达尔文回答，这是因为一切脊椎动物都起源于一个共同的祖先。

为什么生物之间有那么多既相似又差异的现象？达尔文回答，这是性状分歧造成的。

达尔文原来不明白加拉帕戈斯群岛的动物为什么那么特殊，又和南美大陆的动物相似，现在他可以解释了。原来在很久以前，南美大陆的动物流落到这些岛上，然后，南美的动物和群岛的动物都在自然选择的作用下进行着性状分歧，而这个过程在各个岛上是孤立进行的，与南美大陆的过程各不相关。

　　为什么鲸鱼呈胸鳍状的"鳍"里藏着一种小骨？这是什么骨头？用达尔文的自然选择理论，也可以得到解释了。在远古时代，鲸鱼的祖先是生活在陆地上的哺乳动物，后来由于陆地变化，陆地被水淹没，陆生哺乳动物大批死亡，只有少数会游水者在新的条件下存活下来，成了水中的哺乳动物；再也不需要陆生类型的四肢了。千万年后，鲸鱼陆地祖先原来的四肢，就退化成鱼鳍形状了。

　　达尔文的自然选择理论，真正解开了长期在他心中的那个"秘密中的秘密"。生物界为什么这么复杂，又这么合理，终于得到了科学的解释：这是生物在自然选择的作用下长期进化的结果。从此，就再也不需要用宗教和神话来解释生物界的一切现象了。

　　达尔文正在准备着人类世界观的一次大革命！

4. 审慎的写作

　　1842 年五六月份，达尔文在梅庄和施鲁兹伯里度假期间，将自己形成雏形的进化理论用铅笔草写成一篇 35 页的纲要。1844 年夏季，他的理论已基本成熟。他把这个纲要扩充为 230 页，认认真真地抄写了一份，并且非常郑重地给埃玛写了一封类似遗嘱的信，同这份手稿放在一起。信中说：

　　我刚写完物种理论的草稿。我相信，如果将来即使只有一个有资格的评论家来接受我的理论，那就是科学方面的一个相当进步。如果我突然死去的话，这封信算是我庄严的最后请求。我确信你会认为这同依据法律写的遗嘱是一样的。我请求你拨出 400 镑来为出版之用，并请你自己，或是通过韦奇伍德先生，费心对它加以提倡……

　　在信中，他还对书的编辑出版做出了详细的安排，并建议最好由赖尔、胡克、亨斯罗等人做这本书的编者。

　　当时的人们普遍相信物种不变，就连科学界也不例外。对于物种是否可变的问题，绝大多数科学家连想都没想过。有一次，达尔文向一位学者介绍他的理论，可那位学者竟听不懂他说的是什么。就连赖尔、胡克这样的朋友，虽然很同情和支持他的研究工作，但起初也都不相信他的理论。赫胥黎刚听说他的观点时，认为相当荒谬，根本未加注意。

　　达尔文预感到他的理论如果发表出去，就等于向上帝和《圣经》挑战，向教会挑战，将会猛烈冲击人们的宗教信仰，将在社会上和科学界激起强烈的愤怒。

　　"我差不多相信了物种不是不变的，"他在 1844 年 1 月写给胡克的信中说，"这好像是承认谋杀罪一样。"

　　所以他不急于发表自己的理论，而要继续广泛地搜集事实来做进一步的验证。 不但搜集正面的事实， 而且更注意搜集反面的事实， 以使将来自己的理论发表时， 人们不能从科学角度提出多少反对意见。

达尔文不放过任何搜集材料的机会。 他的表兄福克斯牧师教区的孩子们善于捕捉蜥蜴和蛇， 他要福克斯收集了许多， 不断地寄给他。 他还通过唐村的牧师向附近的孩子们征集死去的鸟类。

胡克到遥远的国家进行科学考察， 他不断地写信， 要求胡克帮助他思考。 只要是有关物种方面的事实， 不分巨细， 他都不放过， 如马腿的条纹、 种子的飘动、 鸽子的繁育、 蜂巢的性状等琐细问题， 他都非要问个水落石出不可。

除了广泛收集事实外， 他还亲自搞实验。 例如， 远离大陆的海岛上为什么会有生物的问题， 是他建立理论的一个重要环节， 如果不能做出科学解释， 就难以排除"上帝的意志"。 他曾设想， 可能是海流和鸟类把生物的种子或胚胎带到了岛上， 他在唐村做了许多实验验证这个猜想。

他用海水将植物的种子浸泡一个月， 再做漂浮实验， 检查漂起来的种子还会发芽。 有的植物种子比较大， 晒干后放入水中， 都能漂浮起来， 其中胡桃种子漂了 90 天还会发芽。 于是他计算， 海流的平均速度约每小时一海里， 一星期海流能把种子带到 170 海里以外。 也就是说， 种子完全可以借助于海流到海岛上去生根发芽。

他从死鱼腹中找到种子，喂给几种海鸟，几小时后它们吐出残食，里面的种子还会发芽。这说明，鱼吃了从陆地卷入水中的种子后，被鹭鸶等海鸟吞食，海鸟一天能飞几百海里，也完全可以把种子带到海岛上。

他还把野鸭的脚爪放在有软体动物的鱼缸里做实验，有不少细小的软体动物附在鸭爪上，怎么抖也抖不下来，直到长大了才自动落下。软体动物可以离水活命一昼夜，在这段时间里，野鸭可以飞行一千公里。当它停落在海岛上的小河或池塘里时，这些软体动物就找到了新的居住地。

有一次，他在一只鸟爪上沾的泥土里发现一粒种子。他立刻想到，土壤里充满了种子，候鸟带着泥土，能带到很远很远的地方。当成千上万的候鸟路过某一海岛时停落下来，肯定有种子被留在那里。还有那被卷入海中向远方漂去的树木和其他物体上，也都可能藏有种子、孢子、生物的胚胎和幼芽。

他通过实验和其他方法搜集到的大量事实，有力地证明了，在那些人迹罕至的遥远海岛上出现生物，并不是什么上帝的意志，也不是什么奇迹。

达尔文就是这样不断地通过搜集事实和严密思考来完善着自己的理论。一些可能出现疑义的地方得到了更清楚的说明，一些原先较为薄弱的地方得到了更有力的支持。

在这个过程中，他与胡克的联系最多，讨论最多。胡克终于改变了自己的观点，成了第一个信奉达尔文理论的科学家。

1854 年 9 月，蔓足类研究全部结束时，达尔文的理论已经相当成熟了。他又酝酿、准备了一年多，到 1856 年 5 月才正式动笔写作。

达尔文认为，他的理论太新颖，这部表述他的新理论的著作，如果没有充分的、详细的事实的支持，人们是很难接受的，所以这部著作应该写成一部包括大量的详细材料的大部头著作。他准备花很长时间来写成它。

"我确实想尽我的一切力量把这部书写得越完备越好，"他在 1858 年 2 月写给福克斯的信中说，"用最快的说法，这部书在几年之内是不会出版的。"

5. 偶然的巧合

异常意外的插曲差一点儿使达尔文正在努力撰写的巨著没有机会问世。

赖尔和胡克早就不止一次地提醒达尔文，要他尽快把自己的理论简明地写出来发表。如果别人领先发表了类似的研究成果，他多年的心血不是白费了吗？但达尔文对自己的理论充满信心，根本不担心出现这种情况。

1857 年秋，赖尔到唐村访问他，告诉他说，正在东南亚考察的年轻博物学家艾尔弗雷德·华莱士，也正在形成他自己的自然选择理论。

让赖尔大为惊讶的是，达尔文听到这个消息，不但不感到吃惊，反而表现出极大的兴趣。

"他和我曾通信讨论物种问题，" 达尔文说，"我马上给他写封信，对他的研究我大概还能帮点忙。"

华莱士是达尔文3年前在不列颠博物馆认识的，随后华莱士出国考察，与达尔文通过几封信，对达尔文表现出崇高的敬意。他还给达尔文寄了一些鸭的变种。

达尔文给华莱士写了一封长信，大略地谈了写作的进展情况，还透露了一些他得出的结论。华莱士回信表示深切的谢意。

1858年6月18日，达尔文收到了华莱士寄自马来群岛的一篇论文《论变种无限地偏离原型的倾向》，要他看看是否有发表的价值，并请转给赖尔审阅。

据华莱士后来回忆，他这篇论文也是读了马尔萨斯的《人口论》后受到启发，在一次发疟疾中构思出来的。

达尔文看了论文大吃一惊，华莱士的论文和他的基本观点惊人地相似。他本来一点也不担心的事竟然真的发生了！

当他1842年写出那份理论纲要时，华莱士还是一个19岁的学生，15年后才想到自然选择理论。可是现在，华莱士的论文要领先发表，还把论文寄给他征求意见。他是支持华莱士发表论文呢，还是维护自己的优先权呢？

经过短暂的内心冲突，他的高贵品性很快就占了上风，宁可把自己的底稿全部烧掉，也不能干不光明正大的事，应该支持华莱士发表论文。

他当天就给赖尔写信，推荐华莱士的论文：

> ……据我看，这篇论文很值得一读。你的话已经惊人地实现了，——那句是别人会跑到我的前面……我从未看到比这更为巧合的事，即使华莱士手中有过我在1842年写出的那份原稿，他也不会写出一个比这更好的来！甚至他用的术语都成了我那些章节的标题……我要立刻写信给他，建议把草稿寄给任何刊物去发表。因此，我的创造——不管它的价值如何——将被粉碎了。

信寄走后，他想了又想，实在不忍心就这么轻易地把20年来的心血付流水，他没有抄袭华莱士任何东西，并且能拿出充分的证据证明，自己确实在20年前就已开始形成自然选择理论。于是他很想采用这样的办法：把自己的基本观点概括成一篇十几页的纲要予以发表，同时声明发表这一纲要的原因，是由于收到了华莱士的一篇和他的一半结论相同的论文。但是，这样做算不算光明正大呢？他很怀疑，所以他6月25日又写信就这个想法征求赖尔的意见，并请赖尔将信转给胡克，希望也能听到胡克的意见。

信刚一发出，他又问自己：如果我这样做，华莱士会怎样想呢？这使他马上觉得这封信的动机不一定高尚。于是他第二天又给赖尔写了一封信。

"应该说，引诱我发表摘要是由于我私下知道了华莱士不在国内，于是我利用了这个机会，"他写道，"最初的想法往往是对的，起初我认为现在发表是不光荣的。"

赖尔和胡克都清楚地知道达尔文研究物种问题的观点和研究进展情况。达尔文 1844 年的原稿写出不久，胡克就全文阅读过，上面还留下了他改动的笔迹。这两位老朋友为达尔文主持了公道。

他们决定将华莱士的论文和达尔文的著作摘要一同发表，并说服达尔文同意这种处理方法。这时达尔文正准备把一切优先权让给华莱士，给华莱士的信已写成了一半。他们从达尔文那里要来了充分的证据，证明他很早就已研究物种起源问题，把华莱士的论文和达尔文的著作摘要连同这些证据一同寄给"林奈学会"，并附上一份说明，信中说明了事实真相后说：

在采取现在这样的步骤时，我们曾向达尔文说明，我们不只考虑他和他的朋友哪个应享有优先权，我们还要照顾到一般的科学利益。

1858 年 7 月 1 日，林奈学会集会，宣读华莱士和达尔文的论文。赖尔和胡克原来估计会上会有一场辩论，并做好了论战的准备。但是，论文的观点太新奇了，太离经叛道了，会上的旧派人物根本没有心理准备，一时反应不过来。他们惊异地听完了论文宣读，除交头接耳笑着议论几句之外，竟没有人发言表示反对。有几位想表示几句不同意见，但看到赖尔和胡克满怀信心的神态，张开的嘴又闭上了。

达尔文没有参加这次集会，他才两岁半的幼子查理刚患猩红热死去，全家正在隔离检疫。

两篇论文同时在《林奈学会学报》上发表，也没有引起舆论的反响。过了半年后，才有都柏林大学的霍顿教授发表了一篇批评文章，说论文中所有新的东西都是虚假的，而真实的东西是早就有了的。

这件事的一个有意义的结果是，达尔文和华莱士之间产生了诚挚的友谊。华莱士也同达尔文一样高尚，他认为赖尔和胡克的处理办法不但公正，而且给了他很大的荣誉，他衷心地承认达尔文为自然选择理论的第一创始人。

后来，达尔文的《物种起源》一书出版，华莱士是最先为这本书喝彩的人之一，他说："自然选择和物种起源学说的建立，完全是达尔文的功劳。"并且称这种理论为"达尔文主义"，后来他又不止一次地称赞达尔文对建立这种理论的贡献，远在自己之上。而达尔文则反复地称赞华莱士卓越的研究工作和对建立进化论不可磨灭的贡献。

两位科学家以他们的谦虚和高尚， 消除了因偶然的巧合而可能产生的误会， 进而发展了诚挚的友谊， 成了科学史上的一段佳话。

6. 巨著问世

论文受到了冷遇， 使达尔文认识到， 一个新的观点要引起公众的注意， 多么需要详细的解说！ 因此， 他还准备坚持原来的写作计划。

但是， 赖尔和胡克都认为他已写出的稿子过于冗长和烦琐， 反而造成有些地方条理不清， 更不好理解。 二人竭力劝说他， 应该把著作简化， 赶快写出来出版。 如果照这样下去， 恐怕还需要 20 年， 说不定同样的事情还会发生。 其实达尔文也一直为写得过于琐细又不能选择恰当措辞而苦恼， 经过赖尔和胡克的劝说， 他认识到这样写下来并不见得有利于读者的理解， 于是愉快地接受了他们的建议。

1858 年 9 月， 达尔文开始写一本他称之为 "摘要" 的关于物种起源的书， 它的篇幅要比原计划少 2/3。 经过 13 个多月的辛勤劳动， 这部著作于 1859 年 11 月出版， 书名是《论借助自然选择 （ 即在生存斗争中适者生存 ） 的方法的物种起源》， 简称《物种起源》。

这本书的出版事宜主要是赖尔帮助联系的。 出版这样一部离经叛道的学术著作， 不但要承担很大的经济风险， 而且还可能遭受公众的指责， 因此， 出版商们都不愿接受这部著作。

赖尔找到了他的朋友、 伦敦善于经营的进步出版商约翰·默里先生， 把达尔文的手稿交给他。 默里读过后， 认为达尔文的理论就像指望烧火棍和兔子结亲能下崽儿一样荒谬， 肯定会招致攻击， 引起争论， 所以他犹豫不决。 在赖尔的说服下， 默里勉强答应印 500 本， 但赖尔坚持说太少了。 默里找来他和赖尔的共同朋友、 博学的波洛克法官，让他通读一下原稿， 帮助他做出决断。 波洛克看过后， 认为这本书确实太新奇了， 有些地方不好理解， 可能大多数科学家也都无法理解。 不过， 他还是建议默里至少要印 1000本， 因为达尔文已有相当名气， 再加上德高望重的赖尔的支持， 销路应该是没有问题的。 默里慷慨地决定将印数提高到1250 本， 但他心里感到很不踏实。

1859 年 9 月 30 日， 达尔文得知默里决定印书后， 写信给赖尔:"默里已决定印 1250 册， 据我看是太多了， 希望他不会亏本。"

但赖尔非常看好这本书的销路， 他认为 1250 册还是太少。

赖尔还在英国科学协会上推荐这本将要出版的书。 在开始出售前， 科学刊物上已出现了批评或赞扬的书评， 所以，在科学界和知识界已造成强烈的印象，这是一本非常新奇的书，都希望先睹为快。

11 月 24 日，伦敦默里的书店热闹非凡，因为这一天《物种起源》开始出售。不到一天时间，1250 本被抢购一空，前来购买者还源源不断，不得不失望而返。

默里先生被搞糊涂了，他原以为肯定要赔钱的一本书，想不到竟会这样抢手。他马上决定赶印第二版。1860 年 1 月 7 日，第二版 3000 本开始出售，也很快售罄，而且需求的势头还很旺盛。此时的默里，正在为握有一本畅销书而激动不已。

但最为吃惊的是这本书的作者自己，达尔文原来只不过想印几百本，卖给各学术团体的图书馆和对这个问题感兴趣的科学家。他做梦也没想到，这本书在车站的书摊上，竟也成了畅销书，而且购书的信件还从国外纷纷飞来。直到 1862 年，这本书已出到第五版，并被译成几种外国文字。

七

赫胥黎说："我正在磨利我的爪牙，准备进行战斗。""如果我不是大错的话，很多的辱骂和诽谤已经为你准备好了。"

1. 寻求支持

在《物种起源》出版之前，科学界人士几乎都信仰《圣经》，普遍相信物种不变。因此，达尔文最担心的是他的理论会遭到科学家的一致反对，从而得不到科学上的承认。随着这本书的出版，争取科学界的支持成了他最关心的事。在《物种起源》出售之前，他就开始将样书寄赠科学界的朋友和知名人士，希望得到他们的意见。

当时的情况在达尔文看来是非常严峻的。只有胡克一人相信了他的理论，赖尔虽然热心地帮助他出版著作，但并不赞成他书中的基本观点。因此，他迫切需要支持。除了胡克和赖尔外，他想到的最有力的支持者就是赫胥黎。

"如果能使赫胥黎转变过来，"他给远在国外的华莱士寄书时写的信中说，"我就感到满意了。"

赫胥黎不仅是一位杰出的博物学家，而且是一位捍卫科学真理的勇猛斗士。他的思想就像闪光一样迅速，像剑刃一样锋利。为了捍卫真理，他从来不会四平八稳地说话和写文章，没有人想象得到他能以多么犀利的语言来歼灭对手。达尔文现在需要的正是赫胥黎这样的斗士。可是，他虽然是达尔文的亲密朋友，但他一开始就认为达尔文的观点相当荒谬，现在他会突然转变吗？达尔文根本没有把握。

赫胥黎收到达尔文寄来的样书，抽空匆匆地读了一遍，他立刻被书中新颖的观点和丰富的论证所折服。11 月 23 日他写给达尔文回信：

> 我所看到的博物学著作中，没有一本给过我这样深刻的印象。我最衷心地向你致谢，因为你给了我大量的新观点。我认为这本书的格调再好不过了，它可以感动对于这个问题一点也不懂的人们。注意你的理论，我准备接受火刑……

赫胥黎充分估计到了这本书将会惹起的风波，他在信中说：

> 如果我不是大错的话，很多的辱骂和诽谤已经为你准

备好了，希望你不要为此而感到任何厌恶和烦恼。你可以相信一点，你已经博得了一切有思想的人的永久感激。至于那些要吠的恶狗，你必须想到你的一些朋友无论如何还是有一定战斗力的……我正在磨利我的爪牙，准备进行战斗。

达尔文收到赫胥黎的信，大大地松了一口气，他立即提笔再写信给赫胥黎：

恰在 15 个月以前，当我开始写这本书的时候，我心中怀有极大的疑惧，我想或许我欺骗了自己，好像许多人所做的一样。于是我认定了三位裁判者：赖尔、胡克和你。我决定在思想上遵从你们的判决，所以我非常渴望知道你的判断。现在我感到满足了，我可以唱"主啊，让我安然地死去吧"那首诗了。

赫胥黎说到做到，雷厉风行，从此把研究和宣传进化论作为自己的神圣使命。他所做的第一件重要的事，就是在英国影响最大的《泰晤士报》上，发表了支持《物种起源》的评论。

事也凑巧，《泰晤士报》的记者卢卡斯先生要写一篇对《物种起源》的书评，但他缺少科学常识，正在发愁写不出来，一位朋友劝他找到了赫胥黎。卢卡斯的条件是，赫胥黎想写什么都可以，但他必须在前面加上两三段自己的话。赫胥黎为了抓住这个难得的机会，就爽快地答应了这个条件。

文章一发表，引起了强烈反响。由于它那充满才智的犀利文风，好多人都在猜测文章的作者。朋友们一眼就看出了这是赫胥黎的手笔。达尔文看到这篇文章，马上给赫胥黎写信，询问作者是谁。

"在英国只有一个人能写这篇论文，那就是你，"达尔文写道，"但我猜想我是错了，因为有些文人的天才还没有被发现。"

赫胥黎在相当长时间内保守着这个秘密，但由于朋友们的强烈断言，他后来也就承认了。

达尔文没有忘记他的恩师亨斯罗教授，但他知道亨斯罗笃信宗教，不会同意书中的观点。他在赠书的信中希望亨斯罗仔细读一读，帮他指出书中的不足，并认真思考书中的思想。

亨斯罗读过后，专程到唐村与达尔文讨论，他表示只同意书中很小一部分观点，但对于不同的观点提不出有力的反对证据。他还对书中的一些观点提出了自己的意见，希望达尔文能接受。结果是，老师和学生之间谁也未能说服谁，但这并没有影响他们之间的亲密关系。

科学界对进化论的接受大大超出了达尔文的预料。 生物学家卡本特发表文章, 对《物种起源》 给予很高的评价。植物学家华生称赞达尔文是 "自然史上最伟大的革命家"。美国植物学家阿莎·葛雷表示支持达尔文的新理论, 并积极筹备《物种起源》 一书在美国出版……

达尔文非常注意每一位科学家的反应, 到 1860 年 3 月,他已列出了 15 位公开支持者的名单, 他们中有地质学家、动物学家、 植物学家、 古生物学家和生理学家。 他把这 15个人列成表, 寄给胡克, 并在信中说:"这一理论的进展使我感到惊奇, 也使我感到了喜悦……从这个表来看, 我相信这个理论是不会被忘记的。"

到 1860 年底, 进化论已经历了一年的进展。 达尔文看到, 激烈地否定进化论的人都提不出充足的理由。 有些开始时激烈地反对他的人已沉默下来, 有些开始时对进化论持较多的保留态度的人, 已倾向于全部接受这一理论。 这使达尔文大大增强了对这一理论的正确性的信心, 并看到了它将被科学界普遍接受的前景。

"我能够很清楚地看到," 达尔文写道,"如果我的理论终于被普遍地接受了, 那么接受的人们一定是那些成长起来并代替老工作者的青年人。"

2. 革命导师的反应

当达尔文在伦敦郊外的唐村准备出版他的《物种起源》时，马克思正在伦敦城内梅特兰公园路 41 号撰写他的《资本论》。这两部伟大的著作，一部揭示了生物界的发展规律，一部揭示了人类历史的发展规律，标志着 19 世纪两项最伟大的科学发现。正如马克思的好友李卜克内西所说：

达尔文远离大城市的喧嚣，在他宁静的庄园里准备着一场革命；马克思自己在世界的中心所准备的也正是这种革命，差别只在于杠杆应用到另一点罢了。

《物种起源》出版后几天，马克思和恩格斯就读到了这本书。在一段时间里，《物种起源》成了马克思一家人谈话的主题，也成了马克思和恩格斯通信的话题。

"我现在正在读达尔文的著作，"恩格斯在 1859 年 12 月 12 日写给马克思的信中说，"写得简直好极了！……此外，至今还从未有过这样大规模地证明自然界的历史发展的尝试，而且还做得这样成功。"

马克思在一封信里说，达尔文的《物种起源》"第一次给了自然科学中的目的论以致命的打击"。

马克思的《资本论》第一卷于 1867 年出版，书中引用了《物种起源》的文句，并称它是"一部划时代的著作"。

《资本论》的德文第二版出版后，马克思寄赠达尔文一本，扉页上写着：

赠给查理·达尔文

你真诚的钦慕者卡尔·马克思

1873 年 6 月 16 日于伦敦梅特兰
公园路莫丹那别墅一号

达尔文收到赠书后，给马克思回了一封表示感激的信：

亲爱的先生：

承蒙寄赠你的伟大著作——《资本论》，我感到莫大的荣幸，并向你表示深切的感谢。我深愿自己无愧于你的厚意，能够更好地理解政治经济学上重要而深刻的课题。尽管我们的研究方向是这样的不同，但我相信，我们两人都努力希望扩大知识领域，而这无疑将最终造福人类。

我坚信，亲爱的先生。

永远是你忠实的查理·达尔文

1873 年 10 月 1 日

达尔文一直珍藏着马克思赠送的这本《资本论》。它现在陈列在唐村的达尔文故居纪念馆里，成了两位伟大人物之间友谊的见证。

马克思逝世后， 恩格斯在总结马克思的伟大历史功绩时说："正如达尔文发现了有机界的发展规律一样， 马克思发现了人类历史的发展规律。" 在恩格斯看来， 19 世纪只有一个人可以与马克思相提并论， 这就是达尔文。

3. 反对的声浪

《物种起源》 向人们解释， 在复杂的生物现象背后起作用的是它自身的规律性， 没有任何证据可以证明上帝创造世界， 自然界中根本没有造物主和其他任何神力的作用。 一部分《圣经》 的信徒被激怒了， 他们不能容忍的是它竟然否认《创世记》 中人类起源的奇迹， 提出人类起源于四足动物，这真是骇人听闻！ 他们百般地否定它， 诋毁它， 企图阻止它的传播， 一时间掀起了"围剿"《物种起源》 的浪潮。

1859 年 11 月 19 日，《物种起源》 尚未公开出售，《英国科学家协会会报》 上就出现了一篇恶毒攻击和嘲笑这本书的评论。 作者煽动人们的宗教情绪， 号召宗教界和学术界为了拯救灵魂、 防止堕落， 起来反对《物种起源》 和它的作者。

达尔文的老师和朋友塞治威客教授是科学家中反对得最激烈的一个。 达尔文寄给他一本《物种起源》， 他回信道谢，同时表示反对书中的新理论。

"有些部分几乎使我把腰都笑酸了，还有一些部分使我感到极大的痛苦。" 他写道，"因为我认为这些是完全错误的，而且是令人难堪的恶作剧。"

他断言，如果否定了上帝的意志，而按照达尔文的自然选择法则，那么"人性就会因此受到摧残，人类就会因此堕落，堕落的程度比我们在人类史上可以查到的任何一次堕落都要大"。

在信中，他还称自己"现在是一个猴儿的孩子，同时是你的老朋友"，对达尔文挖苦讽刺。

塞治威客还在《旁观者》 杂志上化名发表文章，对达尔文和《物种起源》 进行辱骂。

在"剑桥哲学学会" 上，以塞治威客为首的反对者向《物种起源》 发起了蛮横而猛烈的攻击，同样不赞成自然选择理论的亨斯罗教授看不下去了，站出来维护他的老学生，指出达尔文研究这个问题是"合法" 的。

欧文教授曾是达尔文的亲密朋友，这时也变成了仇敌，他不惜用最恶毒的语言来攻击谩骂。

达尔文在伦敦时家中的常客、 天文学家赫谢尔，也加入了反对者的行列，称《物种起源》 是一堆"一塌糊涂的法则"。

英国博物馆的学者葛瑞说，达尔文除了重复拉马克的观点外，再没有别的了。

有人断言，10 年以后，人们就会忘掉这本书。

许多科学界人士，都公开表示反对达尔文的理论。有的虽然没有公开表示反对，也是持保留和怀疑态度。达尔文在科学界的朋友，少数成了仇敌，许多与他疏远了。

《物种起源》刚传到其他国家，也遇到了强大的反对。法国科学界说它不是科学著作，仅是一堆胡乱的意见和假设；德国科学家称它是一本"疯人的书"。极少数欢迎它的科学家受到了排挤和孤立。美国著名科学家路易斯·阿加西斯宣称："我认为变异的理论是一个科学上的错误，所举事实的用意是恶作剧的。"

但是，反对最激烈的还是宗教界。教会首领们要求英国当局出面，禁止出版《物种起源》，并且没收已经出版的书。但 19 世纪的教会毕竟已没有了中世纪的权威，这一招未能奏效。他们就利用神学院、教堂、报刊，掀起了声讨达尔文和《物种起源》的轩然大波。教师们声嘶力竭地辱骂达尔文是"魔鬼"，指斥自然选择理论是企图推翻上帝，毁灭人们信仰的阴谋。他们以"扑灭邪说，拯救灵魂"相互号召，煽动信徒们起而声讨达尔文。

在教士们的煽动下，质问、声讨、恐吓、辱骂的信件像雪片一样从英格兰各地和国外许多地方纷纷飞来。相当一段时间里，唐村的居民经常看到邮递员背着沉重的邮包，沿着小路向达尔文住宅走去。 一般人都不知道达尔文的地址，这些信件是从伦敦默里那里转来的。

写这些信的人大都缺乏科学常识， 也没读过《物种起源》， 因此， 信中毫无科学内容。 有的除了恐吓和辱骂外，别的什么也没有， 这把达尔文气得脸色苍白， 浑身发抖。但他为了全面了解人们的反应， 坚持要家人全部读给他听。对于那些比较有善意的信和要求答疑解惑的信， 他是坚持一定要回信的。

达尔文是一个对人们的批评非常敏感的人， 但他又不喜欢与人争论， 面对反对的声浪， 他的健康状况受到了很大的影响。 如果不是赫胥黎、 胡克等人在为进化论而战斗和越来越多的人相信进化论， 他会支撑不下去的。

面对进化论的迅速传播， 教士们的攻击变本加厉， 而捍卫进化论的斗士们的必胜信心也更加坚定， 于是一场激烈的宗教与科学的当面交锋爆发了。

4. 牛津激战

1860 年夏季， 英国科学协会在牛津开会。 进化论的反对派准备在会上煽起听众的宗教情绪， 在气势上压倒进化论的支持者， 以此来达到遏制进化论传播的目的。

在 6 月 28 日的集会上， 欧文教授别有用心地把话题引到人类的由来这个最敏感的问题上， 企图挑起激烈的争论， 煽动听众的宗教情绪。 但随后赫胥黎的发言回避了人类起源问题， 他向听众保证， 他将在别的地方说明"人类起源于猿类的异乎寻常程序"。 那天的集会比较平静地结束了。

反对派没有达到目的， 又策划了一场更激烈的辩论， 他们说服了宗教界反对进化论的头面人物——牛津大主教韦伯福斯， 要他在 6 月 30 日的集会上发表演讲。

6 月 29 日下午， 赫胥黎正在街上行走， 遇到了罗伯特·钱伯斯先生。

"赫胥黎先生，" 钱伯斯一见面就急不可待地问，"你知道韦伯福斯主教要在明天的会上演讲吗？"

"我早就听说主教想利用这样的场合，" 赫胥黎说，"主教是第一流的辩论家， 听众中好多是他的信徒。 如果他演讲时适当地玩点心眼， 就很容易把听众激发起来， 我们就很少有机会来有效地防卫自己了。"

"那么， 你的意思是——" 钱伯斯问。

"让他随便去讲吧， 巧舌如簧改变不了真理。"

"但他可以暂时遮蔽真理的光芒，" 钱伯斯说，"我觉得你应该利用这次集会， 杀一杀他们的嚣张气焰。"

"我没有把握打赢这一仗。 况且， 我也太累了， 正准备去乡间住宅与妻子相聚。 放弃安宁和平静， 去那里接受主教的敲打， 我看不出有什么好处。"

钱伯斯见赫胥黎执意不肯参加明天的集会，顿时急了起来，提高嗓门激动地说："好啊！赫胥黎先生，你什么时候变得这么胆小怕事了，关键时刻你开小差，抛下我们去接受敲打。干脆，我们都不参加了，让明天的集会变成对达尔文先生的声讨会好了！"

"嗬！"赫胥黎说，"如果你这么说，我就得去了，而且要承担起我的那部分责任。"

由于韦伯福斯主教的光临，6月30日集会的听众特别多，不得不临时将会场由报告厅改为博物馆的图书大厅。会还没开始，大厅里挤得水泄不通，外面还站着很多挤不进去的人。

会议主席亨斯罗教授一在主席位上坐下来就宣布说："今天要求发言的人很多，凡是在正面或反面提不出有效论证的人，请不要发言。"

首先由来自纽约的德拉般博士宣读他的论文：《回顾欧洲智力的发展，兼论达尔文先生的观点》。接着开始辩论，发言者一个个走上讲台，又一个个走下来，其中有几位由于论点模糊，被亨斯罗中止了发言。

很多听众对前面的发言根本不感兴趣，他们是来听主教演讲的。

轮到主教发言了，会场上爆发出了热烈的掌声。主教面带微笑，从容镇定，显得信心十足，一副大人物光临的派头。

　　主教不愧是一位出色的演说家，他姿态自然优雅，措辞优美得体，音调和谐悦耳，刚讲几句开场白，就博得了听众热烈的喝彩声。

　　开场白讲过，主教开始滔滔不绝地向进化论发起进攻了。他说，达尔文的《物种起源》是他所看到的最没有逻辑性的一本书，其中的观点表达了一种愚蠢粗野的世界观，毫无令人信服之处，它的作用就是亵渎上帝和基督，侮辱人们的神圣信仰，把人类的精神引向堕落。

　　主教本来对生物学一窍不通，却装出内行的样子连连发问：谁能证明达尔文所说的变异性？谁在什么时候见过一个种可以变成另一个种？谁见过美洲短腿羊？还有鸽子的历史，达尔文说野生的岩鸽产生了一切品种的家鸽，而岩鸽自己还保持原样，这怎能让人相信？……

　　主教的声音时而低沉，时而高昂，时而轻松，时而庄重，一部分听众听得如醉如痴，随着他说话的节拍和手势不住地点头、鼓掌、喝彩。而在场的大学生和有科学常识的人却听得出来，主教的演说中除了蛊惑人心的响亮言辞外，什么实质性的内容也没有。

　　主教继续讲到上帝的伟大和智慧。他说，花和果实、血液以一种小体的形式蒸发，等等，这都是上帝的伟大和智慧的表现。

听了这些话，许多大学生和科学家禁不住笑了起来，可是听众中还有人为主教欢呼。

这时，主教突然转向赫胥黎，以嘲弄的语气说："我想问问坐在我对面、恨不得把我撕碎的赫胥黎教授，你相信人类是由无尾猿传下来的，那么，究竟是你祖父的一方，还是祖母的一方，是无尾猿的后代呢？"

会场里爆发出哄然大笑声和雷鸣般的掌声。主教扬扬得意地瞪着眼等听众安静下来，突然用庄重的声音高声喊道："达尔文的观点完全违背了《圣经》中上帝的启示录，我们决不能容忍这样一种异端邪说流行开来！"

赫胥黎没想到主教会这样愚蠢和狂妄，明知自己对所讨论的问题一无所知，却又不知道控制自己的言论。他越听越觉得精神振奋，准备过一会儿进行有力的回击。当主教向他提出那个蛮横的问题时，他向坐在身边的本杰明爵士低声说："上帝把他移交到我手中了。"他决心让主教尝尝当众丢脸的滋味。

主教讲完后，赫胥黎教授发言。他缓缓地站起来走上讲台，用平静而严肃的语调简明地介绍了进化论的内容：

"达尔文的理论，并不是凭空捏造的，它是作者在20多年的观察、研究的基础上，把大量的事实，用思考的线索联结起来，它反映了生物界发展变化的规律……这个理论是复杂的和多方面的……我认为，这是迄今为止，对物种起源的最好解释，没有比这更好的了……"

赫胥黎的介绍，内容充实，富有逻辑，与主教那种空洞无物、语无伦次的嘲笑谩骂式演讲形成了鲜明的对照，整个会场鸦雀无声。

介绍过达尔文的理论后，赫胥黎语气开始激昂起来。

"如果要我来发表预言的话，那么，我认为，现任牛津大主教的名字将很快被人遗忘，而刚才被他嘲笑攻击的那个人的名字，却将被人们一代代地纪念下去。"

"说得好！"会场里发出了赞扬声和鼓励声。

赫胥黎继续说，大主教刚才的讲话中有许多错误，达尔文所说的美洲短腿羊，其实在文献中早有记载，在实践中也为人所熟知，除了主教先生，谁也不会大惊小怪；至于石炭纪时代，根本没有鲜花植物，因此不能说这时期有花和果实；稍有常识的人都知道，血液是不会以"小体"的形式蒸发的……

随着赫胥黎指出主教一个又一个的错误，人群中也发出了一阵又一阵的嘲笑声。

大主教脸上青一阵，红一阵，开始坐不住了。

"现在，让我来回答主教先生对我的质问。"赫胥黎最后说，"关于人类起源的问题，当然不能像主教先生那样粗浅地理解，这只是说，人类和无尾猿有共同的起源。可是，如果这个问题不是作为一个科学研究的题目向我平静地提出来，而且作为一个情感发泄的题目向我蛮横地提出来，那么我可以这样回答——"

会场里寂静异常，都在等待着他回答什么。

"一个人没有任何理由因为他的祖先是无尾猿而感到羞耻。如果有一个人使我在追念时感到羞耻的话，那么他是这样一个人：这个人性情浮躁，善于随机应变，不满足于他自己的活动范围内所取得的令人怀疑的成功，偏要在他一窍不通的科学问题里硬插一手，凭他的巧言话语，把这些问题弄得糊里糊涂，而且用一些东拉西扯的离题话，再巧妙地借助于宗教偏见，把听众的注意力由争辩的真正焦点引到别的地方去。"

赫胥黎话音刚落，会场中进步的听众，特别是大学生，立刻报以热烈的掌声和欢呼声。主教先生面如土色，在场的教士们也一个个惊慌失措。刚才拼命为主教喝彩的一位夫人，看到形势倒转，竟然昏了过去，被抬出会场。

接下来还有几个人发言。最后，胡克作了简短发言。他指出，达尔文先生的理论对他研究植物学非常有帮助，所以他不能不接受这一理论。接着，他以平静而略带嘲讽的语气指出，主教先生刚才的讲话说明他没有读懂《物种起源》，甚至缺乏生物学的最起码常识，不应该在这种场合发言。

韦伯福斯主教刚受到赫胥黎的严厉嘲弄，现在又被胡克平静地奚落一顿，羞愧满面，再也没有勇气登台答辩。这次短兵相接的论战，在进化论大获全胜的气氛中收场。

达尔文因病未能出席这次辩论会。当天夜里，胡克将牛津论战的情况写信告诉了达尔文。达尔文收到信后，怀着十分感激的心情，立刻给胡克和赫胥黎写信。

"你的深情厚谊使我的眼里充满了热泪，"他对胡克写道，"谈到名声、荣誉、快乐、财富这些东西，如果同友情比，不过是尘土而已。"

"你同牛津大主教那一仗打得太精彩了，太好了，我非常尊重你的勇气，"他对赫胥黎写道，"你将成为一个真正的英雄。"

这次辩论后，英国一家著名的讽刺性杂志上出现了一幅漫画，画中有一只斗犬代表赫胥黎，有一只弓着背的猫代表韦伯福斯大主教。从此，赫胥黎以"达尔文的斗犬"著称于世。

牛津的这次论战给进化论的进一步传播创造了良好的契机，一些原来怀疑或反对进化论的人，通过这次论战，看清了接受进化论的道路。

5. 进化论的传播

尽管进化论遇到了科学界和宗教界的强大的反对浪潮，

但人们对进化论的信仰却在迅速增长着，就连开明的宗教界人士也公正地承认了这一点。金斯利牧师 1863 年在写给英尼斯牧师的信中说：

科学界的思想状态是极其引人注意的，达尔文正在征服着每一处地方。

金斯利牧师相信物种是可变的，但不放弃上帝的创造。达尔文最早把《物种起源》寄给他，他立即回信表示非常感激和珍视。金斯利牧师认为科学与《圣经》应该并行发展，互不相犯。他曾任唐村教区长多年，是达尔文的密友。

对于进化论在英国的传播，赫胥黎的贡献最大。他除了在报刊上写文章宣传介绍、与反对者论辩外，还深入基层，向工人、学生和普通市民发表演说，吸引了成千上万的听众。他还把这些通俗的演讲记录成小册子，以低廉的价格出售。无数的人在赫胥黎的影响下，接受了进化论。有人形象地说，如果进化论是达尔文下的蛋，那么孵小鸡的就是赫胥黎。

英国社会学家赫伯特·斯宾塞在促进进化论的传播上也起了重要作用。他把《物种起源》中揭示的生物学规律运用于社会学领域，用生物进化论来解释社会现象，把生存竞争作为社会发展的规律，建立起"社会达尔文主义"，为剥削制度和殖民统治提供了理论根据。

达尔文对斯宾塞这种推论并不赞成。"我还没有意识到斯宾塞的著作对我自己的著作有什么裨益,"他在自传中写道,"我从来没有相信过他做出的结论。"达尔文却不自觉地受到了"社会达尔文主义"的一定影响。

进化论给博物学家们提供了新的思想方式,他们逐渐发现达尔文的思想与他们的很多研究结果相吻合,再加上逐渐认识到达尔文是一个除了真理别无所求的人,他不掌握大量的可靠事实,是绝不会胡乱写东西的。因此,科学界的反对声浪较快地平息了下来,剩下的反对者只有几个老顽固分子和几个自称对进化论有独到见解的怪人。

伦敦昆虫学会曾是科学界反对进化论的堡垒,达尔文对他们会很快转变态度最不抱希望,但到了 1867 年,除了两三位年老会员外,其他会员都不同程度地接受了进化论。

随着达尔文学说得到科学界大多数人的承认,宗教界的反对声浪越来越显得软弱无力。于是有些宗教人士改变了策略,从激烈的诅咒变为调和《物种起源》和《圣经》。他们宣称,进化论和神学目的论是完全相符的,以前攻击《物种起源》是出于误会。有的说,上帝创造了最简单的生物,后来的生物界就按照达尔文发现的规律发展了;有的说,达尔文所发现的物种变异,是上帝为了弥补原初创造留下的空缺而进行的干预活动。

由于达尔文从来没有公开表明自己对宗教的态度，教会硬说他也信仰上帝。过去被咒骂为"魔鬼"的人，现在却又被宣布为《圣经》的忠实信徒了。

进化论在国外也迅速传播开来。

《物种起源》在美国一出版，立刻在博物学家中引起轰动。著名科学家阿加西斯发表演说，斥责书中的观点。但他的演说在报纸上一登出，却起到了相反的广告效果，人们争相购买《物种起源》。

植物学家阿沙·葛雷在《大西洋月刊》1860年的七、八、十月号上连续发表3篇介绍、支持进化论的文章，后来这3篇文章又以小册子的形式出版，书名是《自然选择同自然神学并无矛盾》，赖尔和许多人都称赞这本小册子。达尔文认为，这本小册子在减轻人们对进化论的反对和使人接受进化论方面，具有很大作用，但他不能同意阿沙·葛雷调和进化论和神学目的论的做法。为此，他不断写信与阿沙·葛雷争论。

《物种起源》的德文译本于1860年出版，法文译本和荷兰文译本于1861年出版。达尔文在世时，《物种起源》就被译成了几十种文字。它出现在哪里，就在哪里引起震动。

德国的教会人士、经院哲学家和保守的科学家组成了反对进化论的强大阵容。第一个站出来孤军奋战的是耶拿大学的青年教师恩斯特·海克尔。

《物种起源》刚传入德国时，海克尔正在从事放射虫的分类研究，对研究中遇到的变种百思不得其解。他一拿到《物种起源》，就被书中新颖的理论和丰富的论证吸引了，他头脑中的疑云一扫而光，思想豁然开朗了。他的研究步伐大大加快。1862年，海克尔到斯德丁出席德国自然科学大会，作了关于达尔文学说传播了新的世界观，他要毫无保留地为争取进化论的胜利而斗争的演讲。

为表示对达尔文的崇敬，海克尔几次到英国访问达尔文。他一面向群众宣传进化论，猛烈回击反对者对进化论的污蔑、歪曲，一面写出《形态学概论》《人类的进化》《自然创造史》等科学著作，丰富和发展进化论。

他在斗争中的实干精神和激烈态度，把进化论所激起的一切仇恨都集中到自己身上，使德国在一段时间里出现了这样一种情况：好像只有海克尔应该挨骂，而达尔文却被看作有预见的和稳健的模范。反对者写了几百篇文章，诽谤和诋毁海克尔。匿名信不断向他飞来，辱骂他是"狗""渎神者""耶拿的猢狲教授"，甚至他在街上走，也有人向他扔石头。当他到罗马出席自然科学大会时，教皇命令全城举行一次"神圣的大扫除"。

真理的光芒是遮不住的。继海克尔之后，德国别的大科学家如弗里茨·米勒、施莱登、福格特等，也相继表示拥护达尔文的学说，报刊上出现了越来越多的赞同达尔文学说的文章， 每隔一两年都要出版一次关于达尔文学说的书目提要。 进化论在德国的遭遇变得比在英国还要好。

在法国， 进化论的传播受到了法国科学院的极大阻碍。科学院的终身书记弗劳伦斯专门写了一本书， 反对达尔文学说。 直到达尔文逝世后， 科学院的成员如果信仰进化论，还会受到不愉快的对待。 但正如法国植物学家斯鲍塔写给达尔文的信中所说："我相信你的观点最终会取得胜利。"

达尔文非常注意国内外对《物种起源》 的反应。 有一个时期， 他开始搜集除了新闻评论之外的所有评论文章， 很快就搜集到 265 篇， 随后就失望地放弃了， 因为评论文章越来越多， 他无论如何也搜集不及。

进化论于 1870 年后传入中国， 到 1895 年， 严复翻译出《天演论》（ 原书为赫胥黎的《进化论和伦理学及其他》）后， 进化论才在中国传播开。 严复把"生存斗争" 翻译为"物竞"， 把"自然选择" 翻译为"天择"， 并用斯宾塞的观点加以解释， 指出中国面对列强的侵吞， 如果不奋起抗争， 发愤图强， 就有亡国灭种的危险， 在客观上起到了敲起警钟、 惊醒同胞、 激励民众、 救亡图存的巨大作用， 所以很快风行全国， 一时间"物竞天择""优胜劣败""适者生存" 成了爱国人士和知识分子的口头语。《天演论》 在当时的影响是其他任何一本书所不能相比的。

五四运动后， 达尔文学说被完整地翻译介绍过来， 中国人才得以全面、准确地理解进化论。

总之，进化论揭示了生物界的真理，100多年里，在与宗教势力和其他反对势力的斗争中节节胜利，在传播过程中遇到的阻力也越来越小，最终被全世界所普遍接受。就连最激烈地反对进化论的天主教的总代表罗马教皇，也最后宣布承认进化论。

6. 在荣誉面前

《物种起源》的成功，给达尔文带来莫大的声誉，各种荣誉和奖励纷至沓来。剑桥大学授予他"名誉法律博士"学位，称他是"我们的导师"，并在全校举行庆祝活动。波恩大学和比勒斯劳大学分别授予他"名誉医学外科博士"学位。皇家医学院授予他"贝勒奖章"，皇家学会授予他"皇家学会奖章"和"科普利奖章"……剑桥大学、爱丁堡大学、林奈学会等著名大学和学术团体都挂上了达尔文的画像，作为永久性的纪念。

科普利奖章是英国向全世界科学界颁发的最高荣誉奖章。达尔文得知授予他的消息，当然很高兴，但并不激动，只是淡淡地说："按照惯例，获奖人要亲自去领奖，可是我的健康状况是不允许我去的。"

"为了《物种起源》的胜利，"老朋友胡克劝说他，"你应该亲自去领奖。"

"这种巨大的荣誉让我高兴，但更让我高兴的是，自然选择理论在英国已取得很大进展，在外国也已脱离险境。"达尔文说，"比起这种高兴来，那个圆形小金牌就无所谓了。"

有人还向英国女王提议封达尔文为爵士，因宗教界高级人士的反对，女王没有同意。但后来女王却主动提出要封他为爵士，达尔文没有接受。

除了英国外，美国、法国、德国、荷兰、比利时、意大利、丹麦、葡萄牙、西班牙、俄罗斯、瑞典、瑞士等国家的61个学术团体也授予他一系列的学位、会员、院士等头衔，有的还向他颁发了奖金和奖章。

1867年，普鲁士功勋骑士团授予他"功勋骑士"的称号，他好像不知道这是一种荣誉。想到自己竟然被封为"骑士"，只觉得有点滑稽。

"我可以老实地说，"他在自传中写道，"虽然我非常注意我的朋友赖尔和胡克的称赞，但并不十分关心一般的舆论。这不是说，人们对我的著作的好评，我不感到高兴，但这种快乐转瞬即逝，而且我可以肯定地说，我从来没有因获取声誉而逸出我的轨道。"

达尔文对这些荣誉看得很淡，却把科学界朋友们的同情和科学界同事们的褒奖，看作高于一切的荣誉。

1874 年 6 月 4 日，阿沙·葛雷在《自然》杂志上发表了《查理·达尔文》一文，对他的科学工作进行了恰如其分的介绍和好评。他读到后，接连写了两封信表示感谢。

"现在我如果不再一次告诉你我多么深深地感到满足，我是不会安心的。"他在第二封信中说，"我认为每一个人都会偶尔认为他的工作失败了，当有一种这样的情绪突然向我袭来时，我就会想起你那篇文章。如果这还不能驱散我的恶劣情绪，我知道我那时是有点神经错乱。"

1877 年，达尔文 68 岁寿诞日前，他收到了来自德国和荷兰的两份祝寿礼物，这是两本贴有两国许多科学家照片的相册。他非常珍惜，立即提笔给两国的发起人写信，对每一位赠送照片的科学同人表示感谢。

"这些礼物使我感到了极大的满足，"他在信中写道，"我认为再也没有比这更使我感到光荣的纪念品了。"

他对个人成就非常谦虚，同时却极力赞扬别人的工作，无论对于最一般的技术人员，还是与他齐名的著名科学家都是这样。

他在楼下房间里布置了一个小画廊，挂满了科学界同行的肖像，他从观看这些肖像中得到了极大的快乐。他常常领着客人参观这些肖像，每次都要一一称赞一番。

"请仔细瞧瞧这个人，他就是胡克，是世界上最伟大的植物学家之一。要是没有他的帮助，我的那些植物学小书根本一本也写不成。”

"瞧， 这就是赫胥黎， 他是最有天才的博物学家， 如果没有他的帮助， 我……"

"这个是海克尔， 他的研究超过了我……"

达尔文就是这样， 永远把自己放在陪衬地位， 把荣誉让给别人。

八

> 他把一生献给科学，对人类做出了杰出贡献，在总结自己一生时却这样说："使我一再感到遗憾的是，我所做的没有使人类得到更直接的好处。"

1. 第二部主要著作

根据达尔文原来的写作计划，《物种起源》只能算是一部摘要，他在书中主要阐述了自然选择的理论，而没有充分展开论述人工选择的思想。他手中关于人工选择的大量资料都没用上。人工选择是他的理论的重要组成部分，他认为有必要加以详细论述。因此，《物种起源》刚出版不久，他就开始整理以前的笔记，着手写作《动物和植物在家养下的变异》一书，以进一步阐明人工选择的理论。

这部书从 1860 年开始写作，中间不断被生病和其他研究工作打断，拖延到 1868 年才出版。

写作这本书时，达尔文已年过半百，由于身体长期虚弱， 看起来要比实际年龄衰老得多。 他下巴上浓密的胡须已显出灰白色， 大脑门上的皱纹更深了， 头顶已完全秃了， 只有脑后还有一圈暗褐色的头发， 背也驼得更厉害了， 走起路来脚步蹒跚， 给人以很吃力的感觉。

闹病的次数更多， 持续的时间也更长了。 有一次竟然病了 7 个多月， 新添的胃病又给他增添了许多痛苦， 他常常因为身体不好而感到沮丧。

"我在不断地走下坡路， 所以我不得不怀疑我是否还能爬上一个小高坡。" 他在 1864 年 11 月给胡克的信中写道，"除非我能够恢复到足以做一点工作的程度， 否则我希望很快地死去。 因为整天躺在沙发上什么也不干， 只是给最善良体贴的妻子和可爱的孩子们增添麻烦， 真是一件可怕的事情。"

只要健康情况稍为允许， 他就要坚持工作下去， 哪怕一天只能勉强工作一小时或半小时， 他也决不放过。

他一边写作， 一边还在不断地搜集事实。 他通过伦敦博物馆的翻译家贝奇先生， 得到了中国在畜养动物和栽培植物方面的许多资料， 了解到中国古代在人工选择方面的丰富经验。 弄清楚了欧洲的不少物种都是从中国引进的， 从而对中国人民的勤劳和智慧表示由衷的钦佩， 在书中引用中国古籍中的资料就达几十处之多， 使各国学者通过这本书， 了解到了中国古代在农业、 园艺和养殖业方面的杰出成就。

1868 年 1 月，《动物和植物在家养下的变异》 出版。 许多人早就在盼望这本书，反对进化论的顽固分子也在等待达尔文的新罪证。所以第一版 1500 本一星期之内就卖完了，还有许多人等着要，出版商默里答应在半个月内出第二版。

这本书使等待达尔文罪证的人大失所望。因为人工选择的基本观点在《物种起源》中已经提出，这本书不过是提供了更丰富的事实和更严密的论证。在他们眼里，不过是一大堆有关鸽、蚕、兔等生物的详细材料，很难找到新的反对话题。

而真正的批评家却欢迎这本书，因为它以无比丰富的事实，扩充了《物种起源》的例证，强有力地支持了进化论。

种植、畜牧、养殖、园艺界人士也欢迎这本书，因为它为他们提供了丰富的实践经验和明确的理论指导。

由于当时科学水平的限制，有许多变异的原因，达尔文还无法做出解释，这使他感到很苦恼。但他没有企图掩饰问题，而是以实事求是的态度写道：

"到目前为止，我们能够解释的变异原因还不到 1%。"

这充分反映了他严谨的科学精神和启发后人进一步研究这个问题的愿望。

更为难能可贵的是，这本书是在人们对《物种起源》的冷嘲热骂中写成的，达尔文忍耐着这一切，坚持用客观、平静和谦虚的态度写出这部著作。正如这一篇评论文章所称赞的：

"作者以珍贵而崇高的冷静态度详细地说明了自己的观点，这些观点曾激起了热烈的论战。但是他的冷静态度并未因此受到影响，他坚持不用讽刺、愤怒或轻蔑来反击他的敌手……他却过分地感谢了别人给予他的最微小的帮助。他的书将使许多人感到愉快。"

2. 人类的起源

当达尔文在 1837 年初步形成物种变异的思想时，他就相信人类一定也是在同一法则下出现的，从那时起，他就开始搜集关于人类起源问题的资料。在写作《物种起源》时，他考虑到这个问题过于敏感，为了使进化论较易于被人们接受，他有意回避了这个问题，只在书的末尾提示了一句："（进化论的）光明将会投射到人类的起源和它的历史上。"这句话清楚地表明，达尔文认为进化论也可以应用于人类。

宗教界最不能容忍的就是把人类的起源和动物的变异置于同一法则之下。《圣经》上说，人是由上帝创造的。上帝造出第一个男人是亚当，又从亚当身上抽出一根肋骨，造出了第一个女人夏娃。他们被蛇引诱偷吃禁果后，上帝让他们结为夫妻，并将他们逐出伊甸园，繁衍人类。

16 世纪，比利时解剖学家韦塞利发现男人和女人都是 24

根肋骨，竟被教会污蔑为"巫师"，判处死刑。

19 世纪的教会已经没有那么大的权威，人们的科学知识也大大进步了，但人类神力起源的思想仍牢牢地统治着人们的头脑。所以，《物种起源》中关于人类起源的提示，成了反对者的一个攻击重点。他们质问达尔文，你说人类起源于四足动物，有什么证据？支持进化论的人，也希望达尔文拿出人类起源的证据来加强进化论。达尔文认识到，如果他在人类起源问题上提不出任何证据，不但不利于、反而有害于《物种起源》中的理论。

到 1867 年，许多博物学家都接受了进化论，他觉得这时表明他的人类起源的观点是适当的。2 月份，他刚将《动物和植物在家养下的变异》的手稿寄出付印，就立即着手整理关于人类起源的材料，准备写成一章，在《物种起源》再版时加进去。但他很快发现论述这个问题需要很长的篇幅。此外，他还想利用这个问题充分讨论他长期感兴趣的"性选择"问题。因此，他决定写成一部书单独出版。

这部著作共写了 3 年多，到 1871 年 2 月，两卷本的《人类的由来和性选择》出版，最初印了 2500 册，到年底又印了 5000 册。

对于这本书，有的人钦佩，有的人惊奇，有的人愤怒。但由于在这之前，赖尔已出版了《人类的远古性在地质学上的证据》，否定了神学家们关于人类出现时间的胡说；

赫胥黎出版了《人类在自然界中的位置》，提出人和猿有共同的动物祖先；海克尔出版了《自然创造史》，明确提出人是由猿进化来的。人们对这个问题已经有了心理准备。更重要的是，进化论已经得到了许多人的支持，尤其是得到了许多极有声望的科学家和其他人士的支持，反对者已不好意思像当初攻击《物种起源》那样来无知而蛮横地对待这本书了。所以，像《人类的由来和性选择》这样一本比《物种起源》更加"离经叛道"的书，却没有受到集中、猛烈的攻击，这说明进化论已经在科学上站稳了脚跟。

但是，达尔文还是得到了一个"说人是猴子变来的那个人"的外号，其实达尔文并没有这样说过。

下面我们看一看达尔文是怎样说明人类的由来的。

首先，在解剖学上，人和动物具有许多相似性状。

人和哺乳动物的骨骼构造和一切内部器官系统，有共同的布局，都有横膈膜和乳腺。这说明人类也属于哺乳动物。另外，像耳壳、三种牙齿、三根听骨等特征，也是人类和其他一切哺乳动物所共有的。

人类像一切脊椎动物和大多数无脊椎动物一样，从受了精的卵子开始发育。在胎儿发育初期，有一个泄殖腔，很像单孔目哺乳动物。胎儿的心脏开头只有一个搏动的脉管，和文昌鱼很相似。胎儿在6至12星期里，尾骨像尾巴，远远突出在未发育的大腿之外。胎儿的大脚趾最短，向外弯出，像猴子的一样。胎儿的脑子，像鱼的脑子一样扁平，后来逐渐变成半圆形。7个月时，脑回和成年的狒狒的一样。人的胎儿和猴子的胎儿尤其相似，在发育的初期，简直分不出来。

人类起源于动物还有另一组有力的证据，就是人身上有许多发育不全的器官，保留了曾是动物的痕迹。

人有皮下肌肉，却没有用处。许多动物的皮下肌肉却有很大作用，它们能够牵动皮肤，赶走叮咬的昆虫。在耳肌中也有这种痕迹器官，有些人的耳朵会自行牵动。许多动物的耳肌，都发育得很完全，可以牵动自如，例如狗和马在听声音时，耳朵能竖起来。

大部分哺乳动物全身长毛，四肢的下端生来就无毛。人的胎儿也是全身都有软毛，手掌和脚掌完全不长毛。

有一部分人身上有明显的"返祖现象"：有的长着尾巴，有的有几对乳头，有的浑身是毛。

达尔文还比较了人和动物在感觉和印象上的许多共同之处。人类的高级情感在动物身上天生就有萌芽。例如，许多动物都强烈地保护自己的婴儿，都会表现出好奇、恐惧、满足等情绪。

达尔文从他第一个孩子出生，就开始观察和比较人和动物的感觉、表情，搜集了大量资料，在写成《人类的由来和性选择》时，他准备把这些资料写成本书的一章，但一写开来，就写成了一本单独的大书，于 1872 年秋季出版，书名叫《人类和动物的表情》。这本书更充实了人类起源于动物的理论。

那么，人类是由何种动物进化而来的呢？

达尔文认为，人类的远古祖先是一种绝种的古猿，和现在的类人猿并不相近……

他说，我们的祖先当初是群居在树上，树林的生活方式使他们的上肢比下肢用得更多、更好，因而也更发达。由于环境条件的变化，他们要经常爬下树来，用石块或木棍袭击猎物和自卫，逐渐感到用双足站立要便利得多。

后来，祖先们越来越接近直立的姿势，整个身体都起了变化，骨盆扩大了，脊椎成了 S 形，脚掌的形状也改变了。更重要的是，双手自由了，可以用来做许多较复杂的事情，代替了牙齿的部分功能。颌骨和牙齿，不再是自卫和进攻的器官，体积缩小了。随着智力的发展，大脑的体积必然增大，结构也必然复杂起来。同时语言的出现，人类的进化就迈出了最关键的一步。

《人类的由来和性选择》还详细地讨论了人种的起源问题。达尔文把不同人种的特征作了比较，指出在一切重要的体格特征和心理特征上，不同人种之间有极相似之处。因此，他得出结论，一切人种都起源于属于一个种的祖先。

那么又怎么会发生不同的人种呢？达尔文认为，不同的生活条件的直接影响起了很大作用，器官的使用程度也有一定关系，而人种起源的最重要因素，则是性选择。

性选择是自然选择的一种特殊形式。在动物界中，生存斗争主要是延续种族的斗争。同性个体之间，主要是雄性之间，为争取异性而进行竞争，得到异性的个体能够传种，因此，有利于这种竞争的性状就得到巩固和发展。雌性动物要选择它所爱好的雄性，如雄性夜莺啼啭，松鸡的鸣叫，孔雀的羽毛，雄鹿的角和雄狮颈部的鬣，等等，都是为了吸引雌性，雌性动物喜爱这些特征比较突出的雄性。当然，雄性也要选择雌性。

达尔文认为，性选择对于人类，特别是人类历史的初期具有重要作用。

《人类的由来和性选择》继《物种起源》的生物进化论之后，进一步说明人也是在进化的，使进化论更加完善了。它证实了人类的发生，是他们的动物祖先在长期的历史过程中变化和发展的结果，给宗教的人类神力起源观念以致命打击，从根本上动摇了宗教唯心论的世界观。

这部书被认为是达尔文最杰出的著作之一，达尔文却认为它与海克尔的《自然创造史》比较相形见绌。《自然创造史》出版于 1869 年，达尔文读到后说，如果不是他的书已经脱稿并即将付印，他根本不会把它送去出版。

后来，恩格斯根据达尔文和海克尔的研究成果，进一步解释了从猿向人转变过程的真相，提出了"劳动创造了人类"的科学论断。

3. "园丁之友"

《物种起源》为博物学研究亮起了一盏明灯，借助于这盏灯的指引，达尔文完成了一系列的植物学著作。这些著作又为进化论提供了大量详细的确证材料，有力地支持了进化论。

早在1838年夏季，他就在关于物种起源的推论中得出一个结论：杂交在保持物种类型的稳定上起着重要作用。因此，他就开始注意植物在昆虫作用下的异花传粉。

1841年11月，罗伯特·布朗先生向达尔文推荐了斯普林格尔写成于1793年的《在栽培中和花的传粉中所发现的自然秘密》，他读后大受启发，大大增强了研究植物传粉的兴趣。

他在巴西森林时，就注意到兰科植物的鲜花千姿百态的美和奇异的芳香。他问自己，为什么兰花会有奇形怪状、鲜艳斑驳的花冠、蜜腺和浓郁的香味？在英国，兰花的栽种也相当普遍，搜集和观察都较方便，于是他在1857年决定，暂时抛开关于其他植物的大量材料，全力准备一篇关于兰科植物的论文。他在自己的温室里种了许多兰科植物，并同许多植物学家和种兰爱好者保持联系， 得到了很多兰花标本。 观察兰科植物给了他很大的乐趣， 他认为就好像在游戏一样。

到 1861 年， 材料基本收集完备， 他开始写作《兰花的传粉》 一书， 讨论兰花借助于传粉的种种技巧。 他花了 10 个月的时间写成的书， 于 1862 年 5 月 15 日出版， 立刻受到植物学家们的热烈欢迎和高度评价。

达尔文在书中详细地描述了许多品种的兰花的特殊构造。

兰科植物的花， 和大多数植物不同， 只有一个雄蕊和几个雌蕊。 花粉是非常细的颗粒， 大部分结成花粉团。 兰花只有一个柱头， 柱头上部有一个黏性很强的凹窝， 称作蕊喙。 花冠由三片花瓣组成， 其中有一瓣叫唇瓣， 生得特别鲜艳。 有几种兰花的唇瓣有很强的弹性。

他仔细地观察了兰花借助昆虫传粉的情况。 他看到蜜蜂一接近兰花的唇瓣， 唇瓣就会自动翘起， 把花封闭， 只留一个空隙， 蜜蜂只能从这里钻出， 身上就沾满花粉了。 有几种兰花， 只要蜜蜂一碰到花朵， 就会有许多花粉向它喷射过来， 受到喷射的蜜蜂， 迟早会飞到雌花上， 把身上的花粉粘在黏腻的柱头上。

花朵各部分之间协调而巧妙的动作， 使达尔文非常惊异。

"它使我看到了，" 他在写给胡克的信中说，"为了借助昆虫来传粉， 几乎花的各部分都同昆虫传粉相适应。 这是自然选择的结果——甚至最微小的构造也是如此。"

有些植物学家曾说， 植物的某些特殊构造是没有用处的， 因而它们不可能借助自然选择而得到发展。 达尔文通过对兰科植物的观察， 很自信地说："我能够阐明看起来好像没有意义的皱纹和角状物的意义； 现在， 谁还敢说这种或那种构造没有用处呢？"

由于研究兰科植物， 达尔文开始写作一系列的著作， 讨论植物学上一个很有趣的问题： 花与昆虫的相互关系。

他在唐村种了两畦柳穿鱼草： 一畦是异花传粉的后代，另一畦是自花传粉的后代。 他的目的是观察它们的遗传现象， 而不是想观察杂交现象， 但自花传粉的后代生长得明显不如异花传粉的后代那样旺盛。 这使他感到惊讶， 开始他还不太相信这种结果单单是自花传粉的缘故。 第二年， 他对麝香石竹做类似的实验， 结果同去年完全一样。 这才使他决定对这一问题进行专门研究。 在以前搜集的事实基础上， 又经过 11 年的实验、 观察， 于 1876 年出版了《植物界异花传粉和自花传粉的效果》 一书。

这本书其实是《兰花的传粉》 一书的续编。 它以大量的详细事实证明了异花传粉可以增强后代的活力， 并向人们描述了保证异花传粉的精微巧妙的机制。

达尔文在书中以他的实验结果告诉人们， 自花传粉如果一代一代地进行下去，后代就会越来越瘦弱，最后这个品种会完全退化。

对异花传粉的研究，达尔文充分认识到昆虫的重要作用，他说："熊蜂和工蜂是最好的植物学家。"

他看到工蜂能毫无错误地从同一种植物的一个变种飞到另一个变种上。例如从深紫色的三色堇飞到淡黄色的三色堇上。有许多熊蜂和苍蝇也是在同一个种的花上飞来飞去。蜜蜂有根据花朵的色彩、蜜味和香味辨认出同一种花的特殊本领。

并不是所有的昆虫给所有的植物传粉。如苍蝇和蝴蝶不在三叶草上停留。而工蜂只在白三叶草上停留，熊蜂却停在红三叶草上。这是因为工蜂的吻突较短，只能吸住花粉管较短的白三叶草的花蜜；熊蜂的吻突长些，能够吸着花粉管较长的红三叶草的花蜜，而苍蝇和蝴蝶根本吸不到三叶草的花蜜。

昆虫传粉的方法也是多种多样的。熊蜂停在红三叶草上，用自己的体重压在侧面的花瓣上，吸取花蜜，这时身上就沾满了花粉。有许多植物的花被昆虫咬破，往往是先由熊蜂咬破，后来工蜂就利用了这些窟窿。

1857 年，达尔文观察红花菜豆时，发现几只熊蜂接连不断地在一朵朵花上打洞。第二天，所有的工蜂无一例外地直接飞到花萼上，从熊蜂打的洞里吸蜜。这使他想到，在南美时曾有几种蜂鸟和黄鹂也是这样做的。

对植物传粉的研究， 使达尔文越来越认识到， 他得到的原理可能也适用于人类。 他和埃玛是近亲结婚， 会对后代造成什么不良影响呢？ 他晚年感到深深的忧惧。

"我现在的生活很愉快，" 他在 1872 年 11 月写给哈利勃登夫人的信中说，"最美中不足的是， 我的几个孩子从我这里继承了衰弱的体质。"

据后人考察， 达尔文的 7 个孩子都有非凡的智力， 但都不同程度地患有抑郁症或神经质。 除了一个女儿终身未嫁外， 竟有 3 个孩子结婚而没有后代， 因此有人推测， 这可能与达尔文与埃玛的近亲结婚有关。

在出版了前两本研究植物传粉的著作后， 达尔文继续研究花朵的奇异构造是怎样保证异花传粉的。 1877 年， 他又出版了《同种植物的不同花型》 一书来回答这个问题。 这本书包含了他以前所写的一些论文， 重新修改后， 又补充了一些新的材料， 是他在这方面多年研究成果的总结。

植物的花有单性和双性的分别， 单性花只有雄蕊或只有雌蕊。 双性花含有雄蕊和雌蕊。 单性花的植物， 最能保证异花传粉， 那么， 双性花的植物怎样保证异花传粉呢？ 达尔文从研究报春花入手来解决这个问题。

报春花可以分两类： 一类花的中心是针状的， 花柱很长； 另一类花的中心是穗状的， 花柱很短。 达尔文观察到大昆虫总是停在有长雄蕊的花上，沾满花粉后，就飞到别的有长雌蕊的花上；而短雄蕊的花粉，昆虫总是把它们传给别棵花的短雌蕊上。

他用和昆虫不同的程序来给报春花传粉，把一棵有长雄蕊的报春花的花粉，传给另一棵花的短雌蕊的柱头。他称这为"不合法"的传粉。同时也给这个种的报春花按昆虫的程序进行"合法"传粉。

许多次实验的结果表明，合法传粉所产生的种子，比不合法传粉的多；合法传粉产生的后代，总是更加健康，而且多果实。

达尔文得出结论：正是报春花本身的特殊构造使传粉的大昆虫总是把长雄蕊的花粉传到长雌蕊的柱头上，而把短雄蕊的花粉传到短雌蕊的柱头上，从而保证了异花传粉。

这是一种现象，有的植物上，一些花会产生种子，而另一些花总是不育的。例如，雏菊、矢车菊、紫菀等菊科植物，它们边缘上的花总是比较大而显著；中央的花总是很小，不太显著，而产生种子的却正是它们。原来，边缘上的花的雄蕊和雌蕊都发育不全，而在中央的花里，雄蕊和雌蕊都是正常的。

达尔文解释：这个现象就是一种适应，花为了能在昆虫的帮助下进行异花传粉，在"自然选择"过程中产生了分工：边缘的花负责引诱昆虫，逐渐失去了直接的繁殖器官

——雄蕊和雌蕊，所以花瓣特别发达；中央的花负责产种子，保存了繁殖器官，却失去了花瓣。

花朵构造的许多奇异特点，达尔文都做了清楚的解释。所有这些特点，归根结底，都是为了保证异花传粉。

达尔文的《兰花的传粉》《植物界中异花传粉和自花传粉的效果》和《同种植物的不同花型》等著作，为植物学的发展做出了突出贡献，同时也为以科学方法管理园艺、栽培花木，提供了理论指导和实践经验，伦敦报刊称赞他是"园丁之友"。

达尔文开辟的自花传粉和异花传粉研究，后来也被扩展到农业实践中去，运用它的理论进行人工传粉，改良作物品种，极大地提高了农作物的产量。

达尔文开辟的这项研究，为人类带来的物质利益是无法估量的。

4. 吃虫的植物

1860 年夏季，达尔文到离伦敦不远的一个地方疗养。那里长着很多茅膏菜属植物，叶子是小圆形，直径不超过一厘米。达尔文注意到，这种植物的叶面上有一滴滴晶亮的黏液，昆虫一停在叶子上，叶边上的大头针状的触毛就会动起来，向内弯曲，带动叶片翘起，形成一个"碗"，把昆虫封在底部。昆虫在"碗"里挣扎一阵，就不动了。

达尔文被这种景象所吸引，就采了 12 株茅膏菜进行检查，在 56 张叶子里，有 31 张上有死掉的昆虫或虫壳。

疗养结束，他带回家一些茅膏菜做实验。他把昆虫放在叶子上，观察叶边触毛的运动。苍蝇和蚊子刚一接触叶面，叶边触毛就从四面八方弯起，把昆虫团团围住，同时触毛分泌出小滴的汁液。触毛好几天没有松开，直到汁液消失才伸直。这时里面已没有苍蝇、蚊子，只剩一些残屑，微风一吹，就不见了。

根据这一观察，达尔文猜想，茅膏菜捕捉昆虫大概是为了吸取营养。为了弄清这个问题，在以后的 14 年时间里，他一有空余时间，就进行这个问题的研究。他把这种研究看作"假日休息"，因为他从中得到了极大的乐趣。

他又在茅膏菜叶面上放上小块猪肉、蛋白、牛油、猪油、淀粉、糨糊等东西，结果和放上昆虫一样，触毛每次都弯拢来，把放上的东西封起来，等到里面的东西一消失，就又伸直了。

他又拿小石子、碎木块、玻璃碴儿、灰烬放在叶子上，触毛立刻弯拢，但马上觉出这些东西不能"吃"，就又伸直了。

触毛的敏感性十分惊人，哪怕放上一小截头发，它都能感觉出来，立即弯曲。

　　达尔文又用液体做实验，把肉汤、生肉浸汁、牛奶、青豆汤等滴在叶子上，它们都立刻被触毛弯封住，然后消化掉。而触毛对草汁、白菜叶汁的反应就差得多。此外，药物溶液、盐、酸，甚至唾液、痰、尿等，他都试过。

　　他还用羊的股骨做实验，想不到它竟被触毛弯拢封住，在几天之内溶化掉。

　　达尔文还请其他植物学家帮忙，实验了无数种物质，查阅了大量的动、植物生理学和化学书籍，还对茅膏菜进行显微切片和化学分析，弄清楚茅膏菜的分泌物是一种含酸和酵素的液体，与动物的胃液很相似。

　　在一次实验中，他把许多茅膏菜放入浓度相等的各种溶液里。有的溶液含氮，有的不含。他发现只有含氮的溶液才会激起叶子的剧烈运动。这使他得到一个确切的结论：茅膏菜需要氮素营养。

　　实验表明，茅膏菜不吃蛋白质动物食料照样能生存；但增加肉食营养后，植株长得格外茂盛，种子的数量和重量都成倍增加。

　　继茅膏菜的实验之后，达尔文又搜集其他食虫植物进行研究，胡克供给他皇家植物园的所有食虫植物品种，他从未想到食虫植物竟有那么多种，捕捉昆虫的器官又是那么千奇百怪。

　　捕蝇草的叶子像一本半合的书，叶边排列着很多刚毛。

蚂蚁、甲虫爬过，叶子急速而有力地合上，刚毛封闭了昆虫的出路，就连粗大的蜘蛛也难以逃脱。

捕虫堇的叶簇靠近根部，叶子又厚又大，不但能吃虫，连别的植物的叶子、种子也都能消化。

猪笼草的叶子中脉延伸成卷须，卷须的顶端膨胀成一个有盖的罐状物，罐口朝上，盖下有蜜腺引诱昆虫，昆虫来吸蜜时落入罐中，盖就自动盖上，直到罐内的弱酸性消化液将昆虫消化掉，盖子再打开。

水中也有食虫植物。有一种叫狸藻的水生植物，没有根，茎和叶子浸在水中，上面有许多小囊包，长着许多硬毛，一有水蚤或别的小动物从旁边游过，硬毛就摇动起来，把猎物引入囊中。囊中有个活瓣，只能朝里开，水蚤等猎物一钻进去，就再也出不来。猎物腐烂分解后，液汁就被狸藻消化掉。

1875 年 7 月，达尔文这项持续十几年的研究成果出版，书名就叫《食虫植物》。

5. 奇妙的植物运动

1862 年，达尔文读到了阿沙·葛雷的一篇论文——《论植物卷须的运动》，也对这个题目发生了兴趣。他向阿沙·葛雷要了一些种子，把它们种成苗株后，观察卷须和茎的旋转运动。

这种美妙的运动使达尔文神魂颠倒， 同时又感到混乱不清。 他记得在剑桥大学听植物学课时， 亨斯罗教授解释说， 缠绕植物之所以作盘绕运动， 是因为它们具有盘绕生长的自然倾向。 根据自然选择理论， 达尔文完全不能同意这种解释。 于是他想彻底弄清这个问题， 就又收集了更多的攀缘植物进行研究。

到 1864 年， 他花了 4 个月的时间， 写成了长篇论文——《攀缘植物的运动和习性》， 送给林奈学会发表。 当收到校样时， 他病得很厉害， 不能很好地修改， 留下了许多模糊不清的地方。 后来在胡克的协助下， 他对这篇论文进行了重大修改， 1875 年， 以单行本出版， 获得了好评。

在研究攀缘植物中， 达尔文发现， 如果不能证明所有植物都具有一些微小的相似运动能力， 就不能用进化的理论来解释攀缘植物为什么会发展成那么多不同的类型。 因此， 在继攀缘植物的研究之后， 他继续研究植物的运动。 到 1880 年， 又出版了《植物的运动能力》 一书。

他开始研究缠绕植物时， 利用生病时间在温室里观察。他很仔细地计算啤酒花枝条的初生节间绕着木桩旋转的时间：第一圈花了一夜， 第二圈 9 个小时， 第三圈 3 个小时多些。到第十八圈时， 这个节间已长到两倍粗， 而且节根上已经形成第二个节间。 第二十圈至第二十四圈， 回旋运动很有规律，平均每圈 2 小时 30 分钟。到第三十七圈时，这个节间突然伸直，沿着圆心方向移动，后来就不动了。这是 5 天中的运动情形，节间绕自己的轴旋转共 3 次。

他发现，攀缘植物的新梢在不断地寻找东西以便爬上去。当新梢碰到木杆时，便在碰着点停下来开始向上爬。

有卷须的植物在攀缘时，卷须的缠绕和节间的旋转，配合得相当默契。那些没有卷须的攀缘植物，上节间按照一个固定的方向昼夜不停地弯成圆圈。

他又研究了旋花植物，发现它们绕着光滑的木杆绕缠时，茎本身常常是不旋转的。

他还研究了能爬墙的匍匐榕。他把初生的幼根按在玻璃上，一星期后，这些根分泌出小滴黏液，两星期后，黏液越来越多；约一个月后，这些幼根竟牢牢地粘在玻璃上。匍匐榕就是利用幼根的黏液，沿着墙壁或树木攀缘上升的。

攀缘植物的运动，是它们争阳光的一种方式。植物需要阳光，叶子由茎推送到能接受阳光的高远处，茎越高越密的植物，就能得到更多的阳光。茎部细弱的攀缘植物，就利用其他植物的茎或者别的任何东西做支持，发育出阔达的叶子来，从而争得生存权。

缠绕着向上攀缘的植物需要更长的茎，需要消耗更多的营养，取得阳光。它们把自己紧缠在树干或树枝上，常常落在阴影里，因此在生存斗争中往往处于劣势。而不须缠绕的攀缘植物却具有取得阳光快、 消耗有机物质少和能够沿着树冠爬上去、 不被阴影遮蔽的优势。

这是达尔文度量了茎的长度后得出的结论。 例如， 菜豆的缠绕茎， 上升到距地面 2 尺高时要 3 尺长， 而豌豆的茎依靠卷须只要 2 尺稍多一点， 就可以达到同样的高度。 他发现了好几种， 本来是缠绕攀缘的， 在卷须的帮助下逐渐变成不缠绕攀缘了。

达尔文进一步追问， 植物攀缘的本领是从哪里来的？

他对插枝上生长出来的根端做了观察和实验， 发现运动能力是植物所固有的。 他进而断定， 运动能力是植物的共同特性。 植物的有些运动很显著， 有些运动很微弱， 肉眼看不出来。

一般都认为， 植物的器官是沿着一条直线运动的。 而达尔文却说， 哪怕是最微弱的运动， 或多或少总接近于圆形。由于自然选择， 一些植物的运动形成了专门适于攀缘的能力。

他认为， 关键的刺激对攀缘植物的运动能力有重要作用， 而植物根端的运动， 他认为是地心引力的作用。

他还发现， 植物具有高度的敏感性， 并能把刺激的影响从一个部分迅速传到另一个部分， 就好像它们具有神经系统一样。 根端的表现尤其明显。 他观察到， 根端的活动是那么奇妙， 而且总是倾向于对整个植物有利。 因此， 他形象地把它比作低级动物的脑子。

"我指出了，" 他在自传中写道，"根端会进行何等多样和多么美妙的适应运动，这使我特别高兴。"

达尔文的研究，显示出植物组织原来要比通常人们对它的看法高级得多。他说："把植物提高到具有活动器官的生物等级，一向使我感到高兴。"

6. 最后的成就

达尔文的最后几年，病情比以前好转，但由于衰老，精力却明显在下降。

"我的科学工作使我感到的疲倦超过了我通常感到的程度，" 他在1879年1月写给在"贝格尔号" 舰上时的老友沙利文的信中说，"但我没有别的事可做呀！不论一个人的精力是早一两年，还是晚一两年耗尽，都是无关紧要的。"

他还要坚持为科学事业继续工作！

1880年秋，他刚完成《植物的运动能力》 一书，就利用改正校样的间歇时间，开始研究蚯蚓对壤土形成的作用问题。这是他多年来一直很感兴趣的问题。1838年，他曾写过一篇关于壤土形成的论文，发表在《地质学报》 上。这时他在孩子们的协助下，扩大了对蚯蚓作用的观察，注意观察蚯蚓的习性和能力。

有好几个月， 他的工作室里放满了盛着泥土的瓦罐， 里面尽是蚯蚓。 不管白天黑夜， 他坚持在微弱的亮光下观察它们。

蚯蚓是土里动物， 没有眼睛， 但能够敏锐地分辨亮光和黑暗。 遇到明亮的光， 就很快躲入洞里。 蚯蚓也没有耳朵， 根本没有听觉。

蚯蚓喜欢吃绿色的菜叶， 不喜欢红色的叶子， 很喜欢吃碎葱和腐肉。 它们会把羽毛、 马毛、 羊毛等许多东西拖进洞里。

在有机物质丰富的土壤里， 到处有蚯蚓， 但在沙质土壤里， 却一条也没有。 蚯蚓的洞穴， 它们的排泄物和消化器都在土壤的形成过程中有很大作用。 无数的蚯蚓不断在土里挖掘， 土里充满了它们的肠形地道。 它们的排泄物留在土壤表面， 各种已死动物的骨骼、 昆虫的硬壳、 地上软体动物的甲壳以及树枝树叶等， 在极短时间内就被蚯蚓埋葬在它们的排泄物下面。 这些东西在土中腐烂而接近植物根部， 为植物提供养料。

达尔文计算过， 在一公顷土地上的蚯蚓可以翻耕十吨土。

空气通过无数的蚯蚓洞深入土壤， 也可以加速下面岩石的氧化过程。

蚯蚓用自己的排泄物把地面上的各种东西埋在土里。 许多古代建筑被埋在地下，就是蚯蚓长期作用的结果；许多古代文物，如钱币、石器、铁器、金银饰等，由于蚯蚓的掩埋而保存了下来。

1881 年 10 月，《腐殖土通过蚯蚓作用的形成》出版。这部书再一次证明了非常微小事物的积累、反复的重要意义。一条蚯蚓的活动微不足道，但自然界中有无数蚯蚓长年累月地活动着，就显示出改变地质的巨大力量。

这部书不仅受到了地质学家们的欢迎，而且由于书中包含着大量的关于蚯蚓习性和智力的有趣的观察资料，也赢得了一般读者的喜爱。

"在大多数人看来，"一位评论者说，"蚯蚓不过是不能看、不能听、没有感觉，而且黏滑得令人讨厌的一种环虫而已。达尔文先生所从事的工作要恢复蚯蚓的名誉，结果，蚯蚓立即以下面的身份出现了：它是一种有智慧而慈善的角色，一个能产生巨大地质变化的工作者，一个削平山边的刨机，一位人类的朋友，而且还是一个古代纪念碑保存协会的同盟者。"

7. 逝世

在对蚯蚓的研究过程中，达尔文的精力进一步下降。

"我没有精力或体力去开始一种费时数年的研究了，"他在 1881 年 6 月给胡克的信中说，"但这是唯一能使我感到愉快的事，我找不到其他任何我能做的小工作。"

7 月，他疗养回来，给华莱士写信说："我不能走路，任何事都使我感到疲倦，即使观赏风景也是如此。我将怎样利用剩下的岁月呢？我简直说不出来。"

但是秋天，他还做了许多工作，主要是实验碳酸氨对根和叶的作用。到冬季，他的身体更加衰弱，更需要休息了。

到 1882 年 2 月和 3 月之间，他几乎每天下午都感到心疼痛，同时心律不齐。3 月 7 日，他独自在"沙径"上散步，又感到严重不适，勉强走回家去，从此再没有能力出去散步了。

"我的工作时代已经结束了！"他非常失望地说。

经过加紧治疗，他的病情逐渐好转，他又变得比较高兴和有希望了。

4 月 15 日，达尔文正在吃晚饭，突然感到眩晕。他想走到沙发前坐下，却昏过去了。17 日，他的病情好转一些，并且帮助儿子做了一次实验记录。

18 日夜 11 时后，他感到严重不舒服，并且昏了过去，好长时间才苏醒过来。他已经看到了最后期限的来临，说了一句："我一点儿也不怕死。"第二天早上，他又发生了剧烈的呕吐和昏厥，再没有清醒过来。

1882 年 4 月 19 日 16 时左右，达尔文与世长辞了。

一代科学巨人逝世的消息传出，举世悲痛，各界人士沉痛悼念这位 19 世纪的伟大科学家。

达尔文的亲属都想把他安葬在他心爱的唐村，但英国下院提出，达尔文是英国的荣誉和骄傲，应该安葬在伦敦的威斯敏斯特大教堂，并说服达尔文的亲属。

20 位国会议员联名写信给威斯敏斯特教堂的教长布雷德利博士，代表英国各阶层和大多数人民要求安葬达尔文于威斯敏斯特教堂。布雷德利博士正在国外，回电热诚地表示同意。

葬礼于 4 月 26 日在威斯敏斯特教堂举行。扶柩人有赫胥黎、胡克、华莱士等 10 位各界著名人士。

参加葬礼的人，除达尔文的亲属和朋友外，还有美利坚、法兰西、德意志、意大利、西班牙、俄罗斯等国的代表，各大学和学会的代表，以及其他许多知名人士。

达尔文的墓，距牛顿墓和赖尔墓只有几步远。

墓碑上刻着：

查理·罗伯特·达尔文

生于 1809 年 2 月 12 日

死于 1882 年 4 月 19 日

让我们用达尔文自己的话结束对他一生的记录：

　　我曾不断地追随科学，并且把我的一生献给了科学，我相信我这样做是正确的。我没有犯过任何重大的罪，所以我不会感到悔恨，但使我一再感到遗憾的是：我所做的没有使人类得到更直接的好处。